# Arts ménagers

Isabelle Renaud

# Arts ménagers

*Nouvelles*

Quadrature

Dépôt légal : D/2009/10419/3
ISBN : 978-2-930538-06-8
Imprimé en Belgique



Couverture : Quadrature
Photographie : Xris&Cat

Achat en ligne sur www.i6doc.com

Commande en librairie ou chez l'éditeur
Quadrature
Rue des Annettes, 22
1348 Louvain-la-Neuve, Belgique
Tél. 0032 (0) 472 20 61 99
Fax 0032 (0) 10 45 44 14
quadraturelib@gmail.com

*Une maison n'est pas un corps de logis,*
*mais un corps de songe.*

Gaston Bachelard, *La Poétique de l'espace*

# L'alliance

Ils n'étaient partis qu'à cinq heures, pour éviter le coup de chaud de l'après-midi. Pourtant, la plage de Saint-Florent était encore bondée. Ils déroulèrent les serviettes, déshabillèrent de manière un peu pataude leurs corps blancs ramollis par les longs mois d'hiver.

— La plaz ! La plaz ! criait la petite en désignant, index tendu, la large bande scintillante sur laquelle flottaient des têtes de baigneurs, comme autant de petits croûtons grillés et douteux.

La mère déboutonna la robe d'enfant en coton bleu, hésita sur la couche, la dégrafa, enfonça sur la tête de sa fille un large bob blanc à l'effigie de Donald Duck. Elle s'agenouilla pour attraper dans son sac le pot de crème solaire mais lorsqu'elle se retourna, l'index oint d'une grosse perle crémeuse, la fillette se carapatait. Le petit corps blanc, soyeux et musclé, trottait droit vers la mer.

— Lisa ! Eh, Lisa !

Aussitôt, la tache immaculée du bob fut cachée par les jambes massives du père qui la rejoignait. Marie-Rose soupira, en essuyant sur ses mollets le reste de crème solaire. Lili marchait drôlement bien pour ses dix-huit mois. Tous ces progrès qu'elle avait faits, rien que d'y penser, c'était fou.

Elle étira précautionneusement sa serviette, rectifia la position de son slip de bain sur sa hanche. Essaya vaguement de rentrer son ventre qui, depuis la naissance de la petite, s'était plissé d'un bourrelet unique, de part et d'autre du nombril. Ça n'était pas vraiment laid, ni tout à fait gras, non, ça s'était juste… insidieusement détendu. Relâché.

Une cigarette à la main, les avant-bras croisés sur les genoux, Marie-Rose à présent regardait la plage. La lumière changeante, indécise, voilait et dorait par à-coups les dizaines de corps bruns, presque nus, qui se côtoyaient passivement là. Marie-Rose observait les femmes. Leurs seins nus en forme de poires, de sacs, ou pleins encore chez les plus jeunes, légers comme de petits ballons. Mais c'était bizarre… Alors qu'autrefois, elle imaginait instinctivement la main aimantée de l'homme autour de ces poitrines, aujourd'hui, elle n'y voyait que des outres à lait. Elle jaugeait, sans le vouloir, l'ampleur du réservoir, l'abondance supposée de la production, la souplesse de l'embout… et ces mamelles huilées, inutiles, offertes au regard comme autant d'objets d'art, lui semblèrent vaguement obscènes.

Elle s'allongea et ferma les yeux, laissant se disperser les pensées parasites. Une chaude paresse faisait son corps plus lourd, incrusté dans le poil rêche de la serviette.

L'explosion de gouttes fraîches sur ses paupières la réveilla.

— Tu devrais y aller ! Elle est super !

Ils lui faisaient face tous les deux, lui, frictionnant énergiquement la petite emmitouflée dans une serviette, qui riait. Le rire en cascades de la petite, le vif-argent de ce rire qui dégringolait… Et le père à genoux dans le sable, scintillant d'eau de mer. Un orgueil insensé traversa Marie-Rose. Elle se releva, s'empara d'une couche.



— Viens, ma chérie ! Viens voir !

Mais la petite, secouée, frictionnée, envahie par le rire, ne la regardait pas.

— Laisse-la vivre, Marie-Rose ! Elle se sent mieux comme ça.

Marie-Rose laissa retomber la couche à côté d'elle. La petite s'était accroupie et creusait des trous dans le sable un peu sale, en quête de cailloux. Le père s'assit près de Marie-Rose, se frottant les cheveux. Elle s'empressa :

— Cigarette ?

Elle lui tendit leur paquet, frôlant au passage son corps frais. Elle regarda à la dérobée les larges épaules arrondies sous la nuque drue et argentée, la colline douce des biceps, les mains intelligentes nouées autour du genou. Il paraissait heureux, il souriait.

— Elle n'a pas peur de l'eau, tu verrais ! Elle est entrée là-dedans sans demander son reste !

Depuis combien de temps n'avaient-ils pas fait l'amour ? se demanda soudain Marie-Rose. La routine, le travail, la grisaille de ce long hiver avaient occulté pendant des mois l'attrait de ce grand corps calme qu'elle redécouvrait à présent en pleine lumière. D'une beauté intacte. Elle contracta discrètement les muscles de son ventre, pour paraître plus mince.

— C'est formidable, soupira-t-il.

— Tu dis ?

— Si tu savais comme je suis heureux d'avoir une fille !

Marie-Rose se tourna vers son mari, s'appuyant d'un coude sur la serviette. Elle garda un sourire encourageant aux lèvres :

— Comment ça, une fille *spécialement* ?

Il baissa vers elle ses yeux clairs, aux cils noirs et ourlés.

— Tu te souviens, Marie-Rose, le jour de ton échographie, quand le docteur a dit… c'est une fille… Ce jour-là, j'ai ressenti un truc, vraiment…

Marie-Rose approcha son visage, légèrement.

— Un truc… genre amoureux ?

Le père sourit, confiant.

— Peut-être bien.

Marie-Rose cessa de rentrer le ventre. De toute façon, il ne faisait pas attention à ça.

— Et si… et si ça avait été un garçon ?

Il haussa les épaules.

— Faut croire que je m'y serais fait.

Elle passa au laser l'homme qui se tenait à côté d'elle. Qu'est-ce que c'était que cette histoire ?… Elle aurait voulu qu'il la voie et d'un geste, d'une parole, la déleste de cette colère sourde qui montait en elle. Mais il souriait, perdu dans ses pensées. La petite apporta une poignée de cailloux, hésita entre ses deux parents puis l'offrit à son père, dont la paume était grande ouverte.

— Qu'ils sont jolis, tes cailloux, ma Lili ! Fais donc voir à papa !

— Zoli ! Zoli ! criait la petite en agitant les bras.

Marie-Rose regardait ailleurs. Elle se sentait, d'un coup, à des années-lumière de cette enfant trop belle.

— La mer ? Tu veux retourner voir la mer, Lili ?

Marie-Rose avait ouvert un magazine. Mais ses yeux s'attardaient sur les grains de sable qui maculaient les pages. Elle ne comprenait rien à ce qu'elle lisait.

— Eh, Marie-Rose ! Viens te baigner avec nous ! Elle est bonne, tu sais !

Lorsqu'elle leva les yeux la petite riait, ses couettes
**10** défaites dégringolant sur son visage en volutes aériennes. Elle n'eut pas le courage de se lever pour attraper le chouchou qui menaçait de choir.

— Oh… je crois que je vais rester là.

Elle les regarda dévaler vers la mer, un poing au creux de l'estomac. Elle se souvint de Nabokov, de

Lolita, de la mère acariâtre et de l'enfant lumière... Elle avait trop lu, c'était ça le malheur, et sûrement pas les livres qu'il fallait. Au creux de son ventre, le poing se resserrait. Une pensée affolante la traversa. Le vrai couple, c'était eux ! Cette ressemblance entre eux, et cette beauté... Il suffisait de les regarder ! De voir la petite, perchée glorieusement sur les épaules du père, les boucles blondes dans le soleil, l'index pointé toujours, et lui, cette fierté qu'il avait de la porter comme ça, comme un cheval... Comme si ses épaules venaient d'acquérir une utilité, qu'il découvrait d'un coup, à quarante ans passés, la seule raison d'être de ces épaules-là... Il caracolait, des vagues jusqu'au mollet. Elle ne l'avait jamais vu si heureux. Et cet empressement à lui montrer la mer... Il ne lui montrait pas la mer, il la lui offrait ! Un présent exclusif, pour aujourd'hui et pour toujours,
— Regarde, Lili ! Regarde, je t'offre la mer !

Lorsque Lili et son père regagnèrent leurs serviettes, Marie-Rose n'était plus là. Le grand sac en osier béait, rempli de leurs affaires, à l'ombre de la poussette. Elle avait pris son jean, son sac à main et ses sandales. Elle n'avait pas touché au reste.
— Elle sera allée s'acheter un sandwich, dit le père à la petite avec placidité.
Ils firent des châteaux de sable. Avec la pelle et le seau coloré que Marie-Rose avait achetés, la veille, dans une boutique du centre. Marie-Rose achetait toujours des tas de babioles et de jouets, elle était forte pour ça, songea le père. Lui que la seule idée d'entrer dans un magasin déprimait... Le soir tombait. La plage, lentement, se dépeuplait. La fillette ratissait, avec la rigueur consciencieuse d'une petite ménagère. Le père ramassa la couche propre restée sur la serviette, l'enfila à l'enfant. Son regard

se faisait plus vif, plus mobile, aux quatre coins de la plage. Deux heures, déjà, qu'elle avait disparu... Le père frissonna. L'absence de Marie-Rose devenait plus palpable. Un type en tenue de plongée se leva, ses palmes et son tuba sous le bras. Le père le regarda avec une sorte de nervosité rassembler ses affaires. Le plongeur fit un signe des doigts à Lili en passant devant eux. Une fille l'attendait sur le ponton en béton, mince et court vêtue, de grands anneaux d'or aux oreilles. Le couple s'embrassa contre le ciel bleu nuit. Puis ils remontèrent les escaliers enlacés et disparurent derrière la rambarde. À partir de ce moment, le père et Lili furent tout à fait seuls sur la plage. La petite commençait à montrer des signes de fatigue. Un peu plus tard elle s'endormit, pelotonnée dans la poussette ensablée. Le père la recouvrit d'un sweat-shirt à lui. Puis il retourna s'asseoir dans le sable. Il jouait avec son alliance, la faisant monter et redescendre le long de son annulaire. Au fil des ans, l'or s'était un peu détendu et l'alliance devenait plus lâche. Au fond du sac en osier, le portable sonna. Le père glissa un bras sous les serviettes humides, décrocha. Un filet de voix plaintif s'égrena contre son oreille. Il gardait les yeux fixés sur ses doigts de pied, à demi enfouis dans le sable frais. Puis la petite voix cessa de grésiller et il chuchota :

— Tout va bien, Tatiana. Je crois qu'elle a craqué, cette fois.

# Le fauteuil

Simon et Soledad avaient emménagé dans ce deux-pièces cinq ans plus tôt. Les immeubles n'étaient pas très beaux, de grands blocs de béton avec des croisillons de fer aux fenêtres et des balcons épais tous identiques mais ce n'était pas si cher pour habiter Paris. Au début, ils y avaient vécu heureux, ils y avaient même fait un enfant. Mais ensuite, Soledad avait perdu de sa gaîté, comme si quelque chose lui pesait. Ils menaient une vie bien réglée. Après le dîner, ils s'asseyaient en rang d'oignons sur le canapé. Simon, avec sa carrure de boxeur, occupait plus de place qu'Hippolyte et Soledad tassés l'un contre l'autre. Le chat venait se percher sur l'une de leurs six épaules. À cause de cette manie, ils l'appelaient Coco. Souvent, une fois son yaourt à la framboise vidé, Hippolyte quittait le canapé. Il se mettait à jouer par terre, assemblait de petits puzzles ou faisait vrombir sa moto télécommandée. Mais Simon et Soledad ne bougeaient pas. Pour ne pas attraper de torticolis, ils s'étaient habitués, en se parlant, à regarder l'étagère sur le mur d'en face. Ils avaient donc sous les yeux, à longueur de soirées, le spectacle de breloques plus ou moins poussiéreuses et assez mal rangées. Sur les autres murs de la pièce, le papier peint usé déroulait chaque jour ses grosses fleurs jaunes lassantes.

— T'as passé une bonne journée ? demandait Simon à Soledad en glissant un coussin sous la nuque de sa compagne.

— Fatigante, et toi ?

— Couci-couça.

Ça n'était pas idéal. Un jour, alors qu'elle rangeait les flacons de crèmes colorantes au salon de coiffure, Soledad eut l'idée d'un fauteuil. Un beau fauteuil en cuir rembourré, un peu tanné, qu'ils installeraient en face du canapé. Tout de suite, elle le vit très nettement. Ce serait un gros fauteuil comme ceux qu'on trouve dans les maisons de campagne, qu'éclaboussent les lueurs d'un feu de cheminée. Un fauteuil rustique et moelleux, très confortable, dans lequel on pourrait disparaître tout entier. Soledad y pensa une partie de la journée, en shampouinant ses clientes. Elle pensa qu'elle leur masserait le crâne avec plus de bienveillance si elle disposait d'une maison équipée d'un pareil fauteuil. Et la simple idée qu'il serait bientôt là, colossal et débonnaire au milieu de leur maison, rendait par anticipation le mouvement de ses doigts plus onctueux. Ça n'était pas encore tout à fait ça, mais c'était, comment dire… l'avant-goût d'une vie différente.

Elle en parla à Simon le soir même. Elle s'assit tout près de lui sur le canapé. Elle avait pris soin, au préalable, de pendre au cintre sa chemise de travail et de lui décapsuler une bière.

— Dis, tu ne crois pas que ça serait une bonne idée ?

Simon se servit un verre et parut réfléchir. Il fixait le petit sapin qu'ils avaient orné de boules de Noël uniquement dans sa partie haute, pour éviter que le chat ne joue au catch avec les branches du bas.

— Ça ne serait pas mal.

— Ah, tu vois ! exulta Soledad.

— Mais combien ça coûte, ces trucs-là ?

— C'est assez cher mais on n'a pas besoin d'en acheter un neuf. Un vieux fauteuil, c'est bourré de charme.

Simon but une gorgée de bière et reposa son verre.

— Et si Coco se fait les griffes dessus ?

Soledad joignit les doigts sous le menton, concentrée. Elle laissa planer un silence puis se dévissa le cou pour regarder Simon.

— Justement, on lui apprendra ! Et s'il est un peu tanné, ce fauteuil, ça ne se verra presque pas.

Le samedi suivant, pour la première fois depuis des mois, ils ne se disputèrent pas. Au lieu de se chicaner entre la cuisine et le salon — C'est toujours moi qui fais la vaisselle ! Tu ne peux pas étendre le linge, pour une fois ? — ils allèrent aux puces de Montreuil. En chemin, ils firent halte dans un café. Ils commandèrent deux expressos et une grenadine avec paille, pour Hippolyte. Comme Soledad faisait mine d'approcher du verre le camion de pompiers de son fils, Hippolyte repoussa le jouet vivement :

— T'as pas de bouche, camion ! Pas de grenadine !

Simon s'esclaffa. Soledad rit.

— Ça me fait penser à cette blague, tu sais… Pas de bras…

— Pas de chocolat ! Pas de bras, pas de chocolat ! Quelle blague idiote, gloussa Soledad.

Ils regardèrent l'enfant tordre sa paille pour absorber le liquide fluo.

— N'empêche… il est mignon !

— Et logique ! renchérit Soledad. C'est d'une logique imparable, tu noteras : pas de bouche, pas de grenadine. À deux ans, c'est quand même pas banal. C'est même très bon signe, si tu veux mon avis.

Il faisait beau et froid. Ils payèrent leurs cafés, remirent leurs manteaux et décidèrent de continuer à pied jusqu'à la Porte de Montreuil. Soledad tenait Hippolyte par la main. Il babillait, faisait des détours pour escalader tous les pas de porte qui jalonnaient leur itinéraire. Puis il grimpa dans sa poussette et s'endormit, boulevard Richard-Lenoir. Il n'avait pas pleuré une seule fois.

Lorsqu'ils arrivèrent à Montreuil, il était déjà tard. Le long du périphérique, des Pakistanais faisaient bondir des balles phosphorescentes dans la lumière du soir. Ils dépassèrent les stands de fripes, arrivèrent dans le coin des meubles. Ils longèrent des matelas par terre, des canapés en velours vert, des buffets de cuisine en Formica. Hippolyte s'était réveillé. Il trottait entre les objets, demandait :

— C'est quoi ?

— Un fauteuil en osier. Un tourne-disque. Un casque sèche-cheveux comme chez la patronne de maman. Un buffet campagnard avec des naïades qui montrent leur nombril.

Le soir nimbait, bleu vif, les tours de Montreuil que l'on voyait briller. Simon et Soledad se sentaient en vacances. Ils regardèrent les brocanteurs descendre un à un leurs volets.

— On reviendra une autre fois, murmura Soledad.

Simon fourra les mains dans ses poches, s'enhardit :

— On pourrait pousser jusqu'à la porte de Bagnolet à pied !

Les week-ends suivants, il y eut les puces de Saint-Ouen et celles de la Porte de Vanves. Puis l'entrepôt d'Emmaüs, à Neuilly-Plaisance. C'était de belles journées. Simon regardait Soledad d'un autre œil. Il la trouvait moins irritable, plus détendue. Elle ne s'énervait plus contre lui pour un rien. Il trouva de nouveau qu'elle avait un joli nez, et un sourire mutin. Lorsqu'elle demandait au vendeur le prix d'un fauteuil, il posait sur ses épaules un bras fier, protecteur.

Elle dénicha l'Élu aux puces de Clignancourt, au bout d'un mois. C'était un Club en cuir vachette doté d'un dossier arrondi, de larges accoudoirs. Il était plus sombre qu'elle ne l'aurait cru, un brun fauve alors qu'elle le voyait presque blond, mais c'était bien lui. Tout de suite elle imagina leurs amis, arrivant pour l'apéritif :

— Je m'assois où ?
— Tiens, mets-toi là !

Tout de suite elle les vit, un verre de porto à la main, installés dans cet écrin de cuir, se disant quelques instants plus tard, sans trop savoir pourquoi : ce qu'on est bien ici, c'est une maison où l'on a envie de revenir. Elle s'imagina aussi, au soir d'une journée usante, délassée entre les bras si vastes du fauteuil, comme un petit enfant ressourcé dans le giron d'une mère bienveillante. Elle rajusta son sac à main nerveusement :
— Vous pouvez nous le livrer quand ?
— Dès ce soir, ma petite dame.

Elle déboursa sans sourciller un demi-mois de salaire. Simon la regarda remplir le chèque d'une écriture serrée, volontaire. Et ils regagnèrent le métro rêveusement, s'arrêtant de temps en temps, sans se parler, pour attendre Hippolyte qui faisait zigzaguer son tricycle sur les pavés bosselés.

Dans l'après-midi, Simon emmena Hippolyte chez ses cousins où il était invité pour la nuit. Portée par une sorte d'euphorie, Soledad fit toute la vaisselle. Elle lustra patiemment les meubles. Nettoya à la serpillière le plancher stratifié sous l'œil méfiant de Coco qui l'observait depuis sa tour de guet, en haut du frigidaire. Alors qu'elle allumait une poignée de bougies parfumées pour achever son œuvre, l'interphone sonna. C'était les livreurs. Quand ils furent partis, elle posa les mains sur ses hanches fatiguées et céda au plaisir de contempler l'intrus tant désiré. Puis elle alla prendre un bain chaud. Lorsque Simon revint, elle était savonnée, massée aux huiles essentielles, vêtue d'une chemise de nuit de coton blanc.



À vingt-trois heures douze, Soledad s'installa dans le fauteuil pour la première fois. Ses omoplates épousèrent lentement le cuir tiède et elle replia ses genoux contre elle. Ses pieds nus contre le bord du siège, c'était agréable. Son corps adouci par le bain lui sembla fluide comme une rivière. Simon, un paquet de chips à la main, ne savait plus trop pour quelle place opter. Finalement, il s'assit en tailleur aux pieds de Soledad. Il étala des cartes par terre et commença une réussite.

— Sens mes cheveux ! dit Soledad.

Il se redressa, les renifla doucement.

— Tu as mis le parfum que j'aime bien.

Ils se turent de nouveau et Simon examina son jeu. Un peu plus tard, la tête renversée en arrière, elle lui demanda :

— Tu ne trouves pas qu'on est bien ensemble ? Qu'on a une belle maison et tout ?

— Mais si, répondit Simon distraitement. Je suis bien avec toi.

« Moi, quelque chose me manquait », songea Soledad en regardant par la fenêtre. Sans se retourner, Simon lui tendit le paquet de chips et elle en croqua une. Dehors, il pleuviotait. De l'autre côté du square, les ateliers d'artiste gainés de pluie ressemblaient à des verrières illuminées. D'habitude, depuis le canapé, Soledad ne les voyait pas. Elle se laissa absorber par le spectacle de ces grands Duplex éclairés. L'espace, les longues bibliothèques parant les murs blancs, les hauts plafonds aux Velux ouverts sur la nuit… Son fauteuil ferait bien là-bas. Il ne déparerait pas. Quand elle reporta les yeux sur son propre salon, quelques secondes plus tard, un malaise diffus la saisit. Il lui semblait plus étroit que d'habitude. Elle saisit un magazine de coiffure qui traînait sur la commode et se mit à le feuilleter. « Opération volume, gonflez votre capital capillaire », préconisait le dossier. Mais les images de permanentes, brushings et minivagues déstructurées ne réussissaient pas à la captiver. Elle songeait à leur chambre basse de plafond avec ses cloisons minces, au couloir sombre, aux toilettes qui fuyaient depuis leur arrivée. Sa vie entière lui sembla soudain étriquée. Comment avait-elle fait pour ne pas s'en apercevoir ? Pourquoi est-ce que ça lui sautait aux yeux maintenant ? La réponse lui collait au dos, aux jambes, à la peau. Le fauteuil. C'est lui qui lui donnait cette lucidité. Sa patine révélait la modernité en toc de leur appart. Sa rondeur faisait paraître le salon anguleux. Son originalité renvoyait tous les autres objets — cendrier en étain, étagères en kit, télé lourdingue — à leur incroyable banalité. Elle songea qu'avec le salaire de Simon et le sien, ils ne pouvaient pas prétendre à un plus bel écrin. Elle eut des visions de boîtes à camembert, de tiroirs empilés. Et elle se vit clairement tout quitter. Elle tressaillit, referma le magazine.

— Simon, il faut le jeter.

Il leva les yeux de sa réussite.

— De quoi tu parles ?

— Le fauteuil. Il faut le jeter, Simon, ce n'est pas une blague.

Il esquissa un sourire étonné.

— Tu crois vraiment ?

Une demi-heure plus tard, un Club en cuir vachette trônait sur le boulevard de Ménilmontant tout scintillant de pluie. Un ivrogne finit d'y cuver son vin, les cerisiers du Japon y laissèrent quelques pétales prématurés et la grêle du matin acheva de le bizuter. Simon et Soledad s'enlacèrent fiévreusement derrière les croisillons de leur fenêtre, cette nuit-là. Ils se sentaient forts et vivants. Dehors, somnolait le monde réduit à néant, comme un chien dangereux auquel on a arraché les dents.

# La poupée

Hélène regarda sa fille avec effroi.

— Mais qu'est-ce que c'est que ce truc ?

— Poupée ! dit Jasmine.

— Où as-tu trouvé ça ?

La petite pointa l'index en direction du placard entrouvert de la chambre.

— Fais voir.

Hélène saisit la chose du bout des doigts. En matière de poupée, elle n'avait jamais vu un truc aussi répugnant. Cette créature devait dater des années cinquante, on n'en faisait plus des comme ça. Ses joues saillaient sous une petite bouche en cul de poule, replètes et basses comme celles d'un rongeur. L'un de ses grands yeux bleus, qui ne s'ouvrait plus qu'à demi, lui donnait l'air vaguement fourbe. D'autant qu'il était barré d'épais faux cils, collés à l'iris comme avec de la glu. Des bandeaux de cheveux blonds pendaient autour du front mais l'arrière du crâne était nu. Enfin, la poupée portait une robe de tulle couleur parme d'une coupe sophistiquée, mais elle était cul-de-jatte.

— Les anciens locataires ont profité du déménagement pour s'en débarrasser ! déclara Hélène. Tu parles d'une aubaine.

Elle renifla la Chose.

— Dis donc Jasmine, ça pue. Tu es certaine que tu veux la garder ?

— À moi ! À moi ! protesta Jasmine en tendant les deux mains vers son bien.

Hélène regarda sa fille trottiner vers la chambre, sa trouvaille sous le bras. Elle n'était pas d'humeur à sévir. Plutôt euphorique, et débordée. Le camion des déménageurs était arrivé ce matin et presque tous les cartons restaient à déballer. Elle reprit son cutter, ses ciseaux, recommença son travail d'éventration.

Dans l'après-midi, elle monta elle-même les rayonnages de la bibliothèque. Juchée sur l'escabeau, son tournevis à la main, elle suait à grosses gouttes en encastrant les unes dans les autres les lourdes planches en pin. Lorsque les rayonnages furent calés — un maniaque aurait forcément trouvé ça bancal mais rien à dire, ça tenait — elle retira son tee-shirt trempé, s'essuya le torse avec et le jeta dans un coin. Cette petite victoire la grisait. Plus besoin d'un mâle pour lui pourrir la vie... Elle montait des étagères toute seule, en vraie célibataire. Finalement, songea-t-elle en allant se remplir un verre d'eau à la cuisine, je me suis prise pour une plante grimpante. Accro à son tuteur, incapable de tenir debout par elle-même. Un étonnement heureux la traversa. Comment ai-je pu supporter si longtemps cette vie-là ?

Elle alla se percher au sommet de l'escabeau. Et, toujours en soutien-gorge, s'offrit une cigarette. De là-haut, on voyait en surplomb les terrasses en cascades de la cour intérieure et les ruelles tortueuses du Barrio Gótico, soulignées à l'or fin. Les voisins avaient presque tous ouvert leurs fenêtres. Des bruits d'eau et de vaisselle entrechoquée claquetaient dans l'après-midi tiède. De l'immeuble d'en face, s'échappait un air d'opéra. Elle se sentit détendue, poreuse. De retour dans le monde chaud et vivant des bien portants.

## 22

L'odeur de la cigarette se mêlait à celle de la peinture fraîche tandis qu'Hélène rêvait à l'organisation de son futur salon. Puis elle se laissa happer par le spectacle de sa fille qui jouait à la dînette. Jasmine venait d'installer son abondante progéniture en

cercle autour d'elle et distribuait à tous des casseroles d'eau virtuelle, en s'enquérant :
— Du suc ? du suc ?

Le cercle se composait de Tchang et Bébé, les deux baigneurs made in China tassés dans leur unique couffin, du lion, de l'homme-araignée, du Babar Sans Couronne, d'une Barbie nue avec de la peinture verte sur les dents, de la Patate mauve et... de l'affreuse trouvaille. Les fesses calées dans ses volants de tulle, elle avait pris place parmi les protégés.
— Choupette ! gouailla Hélène du haut de son escabeau. T'as pas peur d'attraper des poux avec ta Chose, là ?

Jasmine continua sa distribution de casseroles d'eau, imperturbable. Elle traitait toute sa progéniture, jolie ou disgraciée, avec une équité sans faille. Elle embrassa la Chose, l'abreuva — Veux encore ? C'est booonn... — puis la berça avec la même affection vigoureuse qu'elle venait de prodiguer à ses baigneurs ou à l'athlétique homme-araignée.

Ce soir-là, Hélène dormit comme une souche, sans somnifère ni rien. À sept heures du matin, la sonnerie du portable la tira de ses draps. Elle traversa le couloir encore sombre, attrapa sans méfiance le mobile resté sur la commode.
— Allô Hélène, ça va ? fit une voix anxieuse à l'autre bout du fil.
— Ça va, dit Hélène en s'éclaircissant la voix. Les déménageurs nous ont livré hier, on s'installe.

Elle se dirigea vers la cuisine, sortit d'un carton plein les bols en céramique et les cuillères bleues. Le téléphone calé contre l'épaule, elle porta le tout au salon.
— Tu ne veux pas que je vienne ?
— Pas la peine maman, ne t'en fais pas.

Elle revint chercher le jus de pamplemousse et les céréales pour Jasmine. Inspecta les placards presque vides. Elle était pourtant passée à l'épicerie hier pour le ravitaillement du petit déj. Où avait-elle rangé cette fichue bouteille ?

— Tu sais que je suis là. Tu le sais ma chérie, n'est-ce pas.

— Mais bien sûr.

— Pourquoi tu me parles sur ce ton ?

— Sur quel ton ?

— Tu m'en veux encore, tu peux le dire...

— Mais non !

Ah ! C'était là. Dans le sac des courses, bien sûr. J'aurais dû penser à la mettre au frais, se dit-elle en touchant la bouteille franchement tiède.

— Tu es fâchée pour le mois dernier, je le sens. Mais ça m'a tellement surprise que tu te sépares d'Erwan, tu ne m'avais pas dit que vous ne vous entendiez plus...

Hélène s'agita, cherchant le beurre, le lait, rattrapant au passage la boîte de céréales. Les bras chargés, elle entreprit un second trajet en direction du salon.

— N'y pense plus. La procédure de divorce est lancée maintenant.

— Il y a une autre femme dans sa vie ?

— Maman, je n'ai pas envie...

— Remarque, j'aurais dû m'en douter. Un sagittaire ascendant scorpion, ça ne promettait rien de bon. Depuis combien de temps est-ce qu'il te trompait ?

La bouteille de jus d'orange se brisa net sur le carrelage. L'esprit vide, Hélène regarda les éclats de verre disséminés partout et le liquide poisseux qui s'insinuait le long des mosaïques, dans les rainures.

— Qu'est-ce qui se passe ?

— J'ai renversé du jus d'orange.

— Ah.
— …
— Tu as de la moquette ?
— Non, c'est du carrelage.

Hélène ne se sentit pas le courage de réparer les dégâts. Pas là, tout de suite, avec ce téléphone tout contre son oreille… Elle chercha à tâtons le fauteuil à bascule. S'y installa prudemment, les genoux relevés, les tongs calés sur le rebord. À l'autre bout du fil, le soliloque se poursuivait.

— Je suis parfois maladroite ma chérie mais tu sais comme je t'aime. Sur le moment je n'ai pas bien compris ton attitude, c'est tout…

— Ça arrive à tout le monde. Tu ne pouvais pas savoir.

— J'ai cru à un caprice ! Quand tu as débarqué à la maison avec ces yeux bouffis et ces grosses valises, c'est idiot, mais je t'ai revue adolescente. Tu étais si instable quand tu avais quinze ans. Tellement à fleur de peau… et tellement agressive ! Je me suis fait un sang d'encre pour toi. Tes thèmes astraux étaient catastrophiques, je ne te l'ai jamais caché. J'avais peur que tu n'arrives à rien, que tu deviennes…

— Je ne suis pas encore une épave, affirma Hélène vaillamment.

— Ma chérie…

La bascule du fauteuil s'accéléra imperceptiblement.

— Oui ?

— Ma chérie, le problème, c'est que les astres te sont contraires.

— Oh non. Tu ne vas pas t'y remettre.

— Depuis toujours, tu as Saturne au beau milieu du ciel, reprit la mère mécaniquement. Ça explique beaucoup de choses. La frustration, l'aigreur, la répétition des échecs…

Hélène se releva brusquement.
— Je n'ai Saturne nulle part. Arrête ton baratin !
— Déjà, à ta naissance…
— Tu ne voulais pas d'enfant, articula Hélène chancelante. C'est la seule chose vraie.
La mère eut un petit rire.
— Qu'est-ce que tu imagines ! Hélène, ma pauvre Hélène. Encore Saturne et ses méfaits…

Quand Hélène raccrocha, une crampe furieuse lui lacérait l'estomac. Elle regarda autour d'elle pour tenter de se rassurer. Les cartons empilés de manière rectiligne, les murs si blancs, si neufs du grand salon barcelonais… Près de mille kilomètres entre sa mère et elle. Mille. Elle tenta de respirer. Jasmine allait bientôt se réveiller. Il fallait d'urgence se calmer. Reprendre le cours tranquille de la matinée. Préparer du café… Elle fit quelques pas en direction de la cuisine, trébucha. Encore elle. Cette Poupée. Effondrée sur le sol en travers du passage, la robe retroussée…
— Il ne manquait plus que toi !
Elle l'attrapa d'un mouvement brusque. L'œil en berne la fixait, lourd de découragement. Et elle sut d'un seul coup ce que ça lui évoquait.
— T'es même pas désirée.
Elle dévisagea la poupée avec une attention accrue. Traversa le salon d'un pas sûr, ouvrit la baie vitrée. Quelle soudaine évidence… La Chose à présent se balançait dans le vide, suspendue par les cheveux. La main de porcelaine se découpait sur le bleu tendre du petit matin d'été, d'une délicatesse surannée.
— Une mauvaise conjonction astrale, dit Hélène. Tu m'en vois désolée.
À cette heure-ci, les habitants du Barrio Gótico étaient encore au lit. Un soleil doux lustrait les cours

intérieures dépeuplées. C'était le moment parfait. L'aube d'une nouvelle vie. La naissance d'un monde plus léger. Au moment où elle desserrait les doigts, une main potelée tira sur sa chemise.

— Maman, qu'est-ce que tu fais ?

Hélène se rendit compte qu'elle était en sueur. Le long de sa tempe gauche, un nerf avait recommencé à tressauter.

# Sauna

Je suis en train de couper des petits bouts de jambon pour Iris quand le téléphone sonne. C'est mon père. Je tends la fourchette à Iris, avec trois bouts de jambon déjà piqués, et je sors sur le balcon.

— Alors ? Vous avez vu papy ?

— On est passé à l'hôpital ce matin, dit mon père. Il a terriblement maigri.

Je referme frileusement mon gilet et je m'accoude à la rambarde en fer forgé. Le soir tombe.

— Je vous avais prévenus.

— Le docteur dit qu'il refuse de manger. Alors forcément, il est très fatigué.

— Forcément, oui.

— Et sa lucidité ! Il reste éveillé quelques minutes et hop, il replonge. Jamais je n'aurais cru...

Je vais à l'hôpital tous les jours et je connais la gravité de l'état de papy. Mais j'écoute mon père sans l'interrompre, en effeuillant machinalement les pétales morts du géranium. Un drôle de bruit de fond parasite sa voix, comme les échos d'un hall de gare.

— Tu m'appelles d'où ?

— Du restaurant de l'aéroport.

Je cesse d'éplucher le géranium.

— Pardon ?

— On repart dans le Sud ce soir. L'avion est dans deux heures. On reviendra à Paris si ça tourne mal.

— Attends un peu. Comment est-ce que ça pourrait aller encore plus mal ?

— Eh bien... Si on décidait de l'opérer, par exemple.

— Mais l'opérer de quoi ?

Mon père ne répond pas.

— Ça me paraît nécessaire que vous restiez, papa.

— Impossible. L'arrosage électronique du jardin vient de tomber en panne.

Il se racle la gorge.

— On a pris rendez-vous avec le technicien et il doit venir demain.

— Comme vous voudrez.

— Ecoute Muriel, tu m'embrouilles à la fin. Laisse-moi en parler deux minutes avec ta mère.

Il a déjà raccroché. J'imagine le brouhaha de l'aéroport, la moue interrogative de ma mère, la cohue des voyageurs qui font rouler leurs valises entre les tables. La tête me tourne un peu. Je pensais qu'ils viendraient dîner ce soir. J'avais acheté des paupiettes, en prévision. Je reviens dans le salon et Iris me regarde. Elle n'a pas touché à son jambon.

— C'était grand-père ? elle me demande.

— Oui, c'était lui. Pourquoi tu ne manges pas ?

Elle hausse les épaules. Ces temps-ci, Iris ne mange rien. Je remporte son assiette à la cuisine, je lui rapporte un yaourt à la fraise et je glisse le DVD du *Voyage de Chihiro* dans l'ordinateur. Puis, installée en travers sur le canapé, j'essaye de défaire l'ourlet de son pantalon. Iris a beaucoup grandi ces derniers mois. Je me pique le doigt et je crie « Aïe ! ». Elle tourne la tête vers moi.

— Pourquoi t'es énervée ?

Cette petite me tue. Trop de curiosité pour ses quatre ans. Je pose l'aiguille et le pantalon et je lisse ses cheveux avec les doigts. Iris n'aime pas beaucoup ses grands-parents et c'est normal, elle ne les a vus qu'une fois en trois ans. Ils vivent à l'autre bout de la France, tout près de Monaco. À Eze-sur-Mer. Quand elle était bébé, ils habitaient encore ici, la rue d'en face. On les voyait souvent. Mon père faisait gouzi-

gouzi en lui chatouillant les doigts de pied, ma mère traversait la rue pour nous apporter des petits plats. Mais il nous est arrivé un coup dur. Un vrai. Mes deux sœurs sont mortes dans un accident d'avion. C'était de vraies aventurières qui avaient traversé le désert du Karakoum à dos de chameau, deux ans auparavant. On s'était beaucoup inquiétés. Mais l'accident d'avion Milan-Paris... Ça nous a tous complètement mis à plat. Iris criait tout le temps dans son petit lit de bébé, à cette époque-là. Ses cris perçants, sa bouche grande ouverte, son estomac. Le monde avait, selon toute apparence, décidé de s'écrouler. N'empêche qu'il fallait donner le sein quatre fois par jour, changer les couches, bercer. Apocalypse ou pas, moi j'avais le bébé. Mais mes parents, ils avaient quoi ? Du jour au lendemain, ils sont devenus des sortes d'ectoplasmes. On ne les voyait plus. Des fois, quand ils venaient chez moi, presque je me cognais dedans, à force de ne pas les voir.

— Et si on mettait de la crème démêlante ?

— Arrête de m'embêter.

Je lui passe les cheveux derrière les oreilles et je jette un coup d'œil à la photo de mes sœurs sur leur chameau, dressée sur le buffet.

— Tu sais, Iris, je crois que mes parents, ils ne savent plus très bien où ils en sont. Ils sont à l'aéroport, c'est vrai. Mais ils vont peut-être changer d'avis et revenir nous voir !

— Ah oui, commente Iris.

Elle se retourne vers l'écran en tortillant une mèche de cheveux. Yubaba la sorcière vient d'apparaître dans le Palais des bains et Iris a beau être très mature, elle ne résiste pas à Yubaba. Je peux continuer à me piquer les doigts peinarde, en pensant à papy sur son lit d'hôpital, à mamy qui angoisse dans sa grande maison vide, à mes parents perdus dans une aérogare.

Une heure plus tard, elle est enfin couchée. Et le téléphone n'a toujours pas sonné. Autant faire la vaisselle: ça déborde de l'évier. Pour l'arrivée de mes parents hier soir, j'ai sorti le grand jeu. Tournedos aux cèpes sauce à l'armagnac. Forcément, je ne les avais pas revus depuis si longtemps. Depuis le jour où je les avais conduits à l'aéroport, précisément. Dans la file d'enregistrement des bagages, ils se tenaient par la main, silencieux, l'œil vitreux. J'avais fait avec eux le compte des billets, des cartes de crédit, des passeports, écourté les adieux au maximum. Et je m'étais écroulée. Il n'y a pas d'autre mot pour décrire mon retour larmoyant au parking. J'avais l'impression de me retrouver quatre fois orpheline.

Hier soir donc, quand la sonnerie de la porte d'entrée a vrillé, j'ai sorti les tournedos flambés de la poêle, enlevé en quatrième vitesse mon tablier taché et je leur ai ouvert.

— Muriel ! a dit papa.

— Bonjour ! Comment ça va ? j'ai crié tout d'un trait.

À cause du choc. Pourtant, c'était bien mes parents. Je reconnaissais leurs traits, leur gabarit, leur manière un peu raide de se tenir côte à côte, sur le paillasson du palier. Mais c'était des parents cuivrés, amaigris et musclés, vêtus de grège, méconnaissables.

— Iris ! j'ai appelé, d'une voix qui déraillait. Iris ! Viens vite saluer tes grands-parents !

La petite n'a pas bougé. Mon père me regardait en souriant. Il portait un costume de lin clair et un panama, qui lui donnait des faux airs de Mitterrand en visite à Assouan. Des lunettes de soleil dévoraient le visage de maman. C'est elle qui a bougé en premier. Elle m'a prise dans ses bras et s'est mise à me palper le dos doucement, comme si ses mains étaient les ailes d'un papillon géant. On a sûrement pensé à la même chose, exactement en même temps. Mais on n'en a rien dit. Parler de ces choses-là, personne ne nous a appris. Ils sont donc entrés et on s'est assis sur le canapé, comme si de rien n'était. On s'est mis à grignoter des noix de cajou que j'avais préparées, pendant qu'Iris jouait aux Playmobil sur le parquet.

— Vous voulez un peu de Ricard ?

— Avec plaisir, a dit mon père.

— Oui, avec des glaçons, c'est une bonne idée, a renchéri ma mère en enlevant ses lunettes de soleil.

Elle les a repliées, posées sur la table nonchalamment et j'ai tout de suite remarqué ses yeux aux paupières allongées, étirées vers les tempes. J'ai détourné la tête pour ne pas la gêner.

— Iris a drôlement grandi, a constaté maman.

J'ai apporté le Ricard, les glaçons et on a regardé Iris pendant un petit moment. Ensuite j'ai été remuer les cèpes dans la poêle et je suis revenue m'asseoir.

— Si je vous ai demandé de venir, c'est à cause de papy. Il est à l'hôpital. Au début, je ne voulais rien vous dire, pour ne pas vous attrister. Mais les médecins nous laissent très peu d'espoir.

— Qu'est-ce qu'il a ? a demandé mon père.

— Une infection qui ne guérit pas. Il n'absorbe presque rien. Que des petits trucs que lui apporte mamy, parfois. Et puis, il est très très très vieux.

Mon père a enlevé son panama et l'a fait tourner devant ses genoux, lentement. Il était pâle sous son bronzage. Au bout d'un moment, il a ramassé un Playmobil qui avait échappé à la vigilance d'Iris et s'est penché vers elle pour le lui rendre.

— Tiens, il a dit à ma fille. Un cheval. Ça pourra te servir, si tu as un cavalier.

Iris l'a remercié.

— Vous verrez par vous-mêmes, j'ai ajouté. Restez dormir à la maison ce soir. Les visites commencent à huit heures.

— Il est où ?

— Saint-Antoine.

— On ira demain matin, a décidé mon père.

J'ai eu l'impression que sa bouche tremblait. Maman aussi semblait nerveuse. Elle a tassé machinalement l'un des coussins de mon canapé. Ensuite elle s'est penchée, a esquissé un geste que je ne lui connaissais pas. Elle a posé la main sur le genou de mon père, tendrement.

— En attendant, mon chéri, si on montrait les photos d'Eze-sur-Mer à Muriel ?

— Mais oui, Muriel n'est jamais venue, a remarqué mon père.

Son visage s'est un peu recoloré.

— C'est une bonne idée, les photos, j'ai opiné.

Elle a fouillé dans son sac à main, en a sorti une enveloppe pleine à craquer. Elle a dressé un petit tas de photos sur ses genoux, bien aligné. Il y avait mon père à la pêche, mon père à contre-jour devant le grill, mon père les pieds dans l'eau avec une bonite dans les bras. Maman accroupie sur le bord d'une piscine avec, déjà, ces yeux légèrement obliques, en compagnie des filles d'un club d'aérobic.

— Tu t'es mise à la gym ?

— Pas du tout ! Au stretching.

— C'est la première fois que je te vois faire du sport !

— Que veux-tu ? Il faut bien que je soigne mes vieux os, maintenant !

Elle a ri et d'un coup, j'ai reconnu son rire. Ça n'était pas comme ses yeux, son rire, ça n'avait pas bougé. Ça m'a paru bon signe. Ensuite, tout en mangeant, elle a continué à parler d'Eze-sur-Mer, de leur piscine, de la gentillesse de leurs voisins américains.

Elle avait décidé de se mettre à l'anglais. De temps en temps, en disant quelque chose, elle posait de nouveau la main sur sa jambe à lui, comme une fiancée.
— C'est délicieux, Muriel ! elle a dit finalement en s'essuyant la bouche.
— Ta mère est un fin cordon-bleu, a confirmé mon père en caressant les cheveux d'Iris.

Le bruit de leurs voix courait dans le salon tendu de tissus clairs. Je regardais Iris manipuler avec curiosité le panama de mon père et je me sentais bien. Je me disais qu'on était peut-être en train de se retrouver enfin.

La vaisselle est propre et l'évier rutile. Il est vingt-deux heures trente-cinq. Quelle idée de prendre l'avion de vingt-trois heures. Ils n'auront pas fini de dîner. Sans compter que mon père devra conduire de nuit à l'arrivée, avec les rues tortueuses du Sud et cette mauvaise vue qu'il a. Il sera dans ses petits souliers et c'est tant mieux, franchement. On n'a pas idée d'abandonner les gens quand la vie vous déplaît.

Le téléphone sonne. Je m'essuie les mains et je retourne au salon.
— Muriel ?

Je me laisse tomber dans le canapé.
— Maman ! Je commençais à craindre que vous ne rappeliez pas.

Je respire. Soulagée. J'entends son rire léger.
— Tu sais Muriel, je crois que vous ne vous êtes pas bien compris, ton père et toi.

Je croise les pieds sur la table basse et je m'enroule dans le gros chandail en laine qui lui appartenait, avant.
— Ne t'en fais pas.
— Tu dis ?

Je suis déjà debout à tourner autour de la table, retenant d'une main mon chandail.

— Je voulais que tu saches... Ce que m'a dit papa est déjà oublié. Ce qui compte, c'est l'union. La solidarité. Ce qui compte, c'est...

Un appel dans le haut-parleur couvre le son de ma voix et je dois m'interrompre. Puis le silence revient, constellé de taches sonores.

— Allô ? s'écrie maman.

— Allô oui, je suis là.

Les ondes d'un haut-parleur encore, mais en anglais.

— Ecoute Muriel, reprend maman, tu m'expliqueras tout ça une autre fois. Je t'ai parlé de nos voisins américains. Eh bien, ils partent en vacances en juillet. Leur maison sera vide et on s'est dit, ton père et moi, Muriel pourrait venir avec Iris, pourquoi pas ?

— Mais de quoi tu me parles ?

— Des vacances d'été. Du 8 au 21, exactement. Il faudrait que tu notes les dates.

Je pose le combiné sur mes genoux, je n'entends plus qu'un gazouillis infime. Je reste un moment figée sur le canapé, à me dire que je vais raccrocher. Dehors, il fait nuit noire et le géranium frissonne dans son bac. Puis, sans trop savoir pourquoi, espérant que mon silence par magie aura changé la donne, je reprends l'appareil.

— Figure-toi qu'ils ont même un sauna ! Tu sais, ces cabines en bois où tu transpires, tu transpires et il paraît qu'en fait, c'est très bon, ça vous détoxifie...

J'ai un doute sur sa santé mentale. J'articule :

— Maman...

— Muriel ?

— Papa est avec toi ?

— Ton père est près de moi, on a fini de dîner. On est passé à la cafétéria.

D'un coup je ne sais plus. Je ne suis même pas sûre d'avoir eu l'intention de lui dire quoi que ce soit.
— On boit un jus d'orange, elle ajoute. Avec une paille.
Le silence se prolonge. Mon regard tombe sur la pendule murale. Pour dire quelque chose, j'articule :
— Il est dix heures quarante. Votre avion va partir.
— Ah oui, répond maman. Il faut vraiment qu'on y aille. Ah oui.
Elle fait un bruit de baiser avec sa bouche et elle ajoute d'une voix très douce :
— Un baiser qui chante, Muriel.
Une boule se forme dans ma gorge. En détournant les yeux je vois, sur le buffet, la photo de mes deux sœurs perchées sur leur chameau. Elles ont du soleil en haut des joues et elles ont l'air de rire. Puis j'écoute le silence dans le combiné et maman raccroche très vite, comme si une menace diffuse la guettait.

# La couette

Elle pleurait à gros bouillons. Il s'assit sur le lit, accablé.

— Tes larmes m'insupportent.

L'éclat de méchanceté qui luisait dans ses yeux la frappa en plein cœur. C'était la première fois, chez lui, qu'elle voyait ça. Le lendemain, elle emmena la housse de couette et les taies d'oreiller chez le teinturier.

— J'ai tout passé à 90 degrés mais ça ne marche pas. Le blanc est jaune, vous voyez. Et il y a au milieu cette tache marronnasse... Vous croyez qu'on peut l'effacer ? Vous croyez ?

Il se tenait debout à côté d'elle, dans sa veste en cuir noir trop droite, et il ne disait rien, il regardait le teinturier d'un air crispé. Le teinturier était petit et chinois, il ne parlait pas bien français, il hochait la tête et disait « c'est ok ». Elle répéta sa question sur un ton insistant, puis elle comprit qu'elle n'obtiendrait pas de réponse différente. Alors elle paya et sortit. Il marchait sur ses talons, silencieux. D'un pas mécanique et régulier. Le boulevard de Charonne déroulait autour d'eux ses échoppes poisseuses. Elle se lança dans un monologue hasardeux au sujet des taies d'oreiller.

— Je ne sais pas pourquoi ça a jauni comme ça, si ce sont nos cheveux qui font ça, on n'a pourtant pas les cheveux sales, je me demande si on peut ravoir cette salissure, si c'est de la crasse incrustée ou si c'est juste l'usure qui produit cette couleur-là.

La chanson de Souchon lui revint à l'esprit comme pour se moquer d'elle.

*Est-ce qu'on peut ravoir à la machine*
*Les sentiments*
*La blancheur qu'on croyait d'origine*
*Avant*

Alors elle se tut et désinvestit subitement la taie d'oreiller. Elle ne crut plus en l'amour de cet homme qui se tenait raide et plein de tristesse à ses côtés, et elle le haït toute l'après-midi sans mot dire, sans faiblir. Plusieurs fois dans la journée, elle pensa mourir. Mais à la minute suivante, une chose ou l'autre la distrayait de cette envie pressante.

La semaine suivante, elle retourna chez le teinturier chinois. Elle lui tendit le ticket de pressing et il actionna une petite télécommande qui fit coulisser la barre métallique du portant. Le teinturier chinois était féru d'électronique. La couette arriva recouverte d'un film plastifié aux reflets irisés. Difficile de savoir si le tissu avait blanchi. Mais de toute façon, maintenant qu'elle avait pigé la métaphore, elle ne voulait plus s'en soucier. Ridicule peut-être, mais pas de son plein gré.

Arrivée à la maison, elle jeta le tout sur le lit et prépara le dîner. Quand son repas fut au four, elle téléphona à une amie et rêva à voix haute d'une vie différente.

— Je pourrais prendre un studio, elle dit. Quelque chose de petit me suffirait.

Elle s'assit sur le canapé, jouant avec le fil du téléphone, et elle se mit à faire ses comptes sur un petit carnet.



— Avec mon salaire et une petite aide au logement, je pourrais m'en sortir en me serrant un peu la ceinture, certainement.

— Tu lui en as parlé ? demanda son amie.

— À qui ?

— Ben à lui !
— Non.
Elle chercha la raison pour laquelle elle ne l'avait pas fait, en trouva une qui lui sembla crédible, et raisonnable.
— Je préfère mûrir la décision et le mettre devant le fait accompli.

Quand il rentra du travail, elle servit le dîner et ils regardèrent la télévision presque sans se parler. La tristesse n'avait pas quitté leur couple depuis la semaine passée. Quand il disait un mot, elle lui répondait froidement. Quand son bras frôlait le sien pour attraper un plat ou déplacer un objet, elle s'écartait. Elle regardait les bras de cet homme à la dérobée et ils lui paraissaient chaque jour plus raides, plus empesés. Ou bien c'était toujours la même raideur, mais qu'elle percevait maintenant avec plus d'acuité.

Ces bras-là qui s'étaient si longtemps refermés sur son sommeil. Jamais alors il ne lui serait passé par la tête de les trouver raides. Elle les trouvait doux. Et forts. À sa mesure.

C'est drôle, les rôles qu'on attribue aux gens. On ne peut pas s'en empêcher et pourtant, un jour, le rôle finit par engloutir tout entier l'être aimé.

Le gardien.

Celui qui protège de la mort, apaise dans ses bras chauds.

Celui qui fait battre en retraite la solitude et ses famines tenaces.

Le gardien.

Quel rôle illusoire et fragile.



Après le dîner, il alla lire dans la chambre comme à l'accoutumée et elle resta dans le salon à jouer à Sim City sur leur vieux PC. Ensuite elle alla dans la salle de bains, se mit en pyjama et se lava les dents. Elle regagna la chambre. Il était couché en travers du lit, en slip, son polar retourné près de lui. Il s'était endormi la lumière allumée. Elle prit délicatement le livre et le referma, le posa sur la table de nuit. Puis elle déchira le film plastifié qui recouvrait la couette pour faire le lit. Surprise, elle regarda la couette une seconde fois. Le teinturier s'était trompé. Cette couette-là ne leur appartenait pas. À la place des grandes orchidées anisées, la housse était piquetée de petites fleurs mauves et grises. Des myosotis minuscules et nombreux, au dessin minutieux, disséminés partout comme un pollen printanier.

La couette jetée en l'air se déroula d'un mouvement ample et retomba sur le lit étale, recouvrant le dos et les jambes de l'homme. Elle le regarda. Abandonné au sommeil, il avait perdu sa raideur. Il n'avait pas emporté son chagrin dans le lit. Elle se glissa sous la couette près de lui. Elle remonta les genoux vers le ventre jusqu'à se retrouver en chien de fusil. Et elle ne bougea plus. Elle le regardait toujours. Elle se disait qu'ils n'étaient pas eux, mais *d'autres* personnes, réfugiées sous une *autre* couette. Des personnes différentes au destin différent. Quelle chance inouïe. Un cadeau de la vie. Quand elle approcha ses lèvres des siennes, il bougea légèrement le bras.

— Ne te réveille pas, murmura-t-elle. Il se passe quelque chose. Laisse-toi faire seulement. Quelque chose se passe.

# Le gâteau

Quand M^me^ Musil arrive avec sa fille Louise au magasin de jouets, plusieurs parents font déjà le pied de grue à l'entrée. Il y a une banderole punaisée sur le mur: « Bon anniversaire Tamara ». Et des adultes partout, trempés de pluie, frissonnants, tenant par la main des enfants.

— M^me^ Musil! s'écrie la mère de Tamy en agitant les bras. Vous n'avez pas eu trop de mal pour venir?

— Aucun mal, répond M^me^ Musil en lui faisant la bise. Le carton d'invitation était très précis!

Mais la mère de Tamy n'écoute déjà plus. Caressant fiévreusement les cheveux de sa fille dont le visage disparaît dans les plis de sa longue jupe, elle crie:

— Tamara, c'est pour toi qu'on a fait cette fête! Tous ces gens sont venus pour TON anniversaire! Va leur dire bonjour! Ne fais pas cette tête-là!

Finalement Louise, décontenancée, se tourne vers sa mère et lui tend le cadeau.

— Dis maman, je fais quoi avec ça?

— On va le mettre sur la table, décide M^me^ Musil en reprenant le paquet. Tamy l'ouvrira tout à l'heure, tu vas voir.

M^me^ Musil et Louise gagnent le milieu de la salle. Il y a une table basse garnie d'assiettes en carton coloré et sept ou huit enfants qui dansent près de la fenêtre, sous la houlette de deux fées coiffées de chapeaux pointus. M^me^ Musil et Louise déposent leur paquet sur la montagne de cadeaux, encore tous emballés, puis elles restent immobiles à regarder les fées. L'une est vêtue de blanc, l'autre de bleu. Elles portent de longues robes en tissu scintillant et des voiles de mousseline volettent à leurs chapeaux. De temps en temps, la fée bleue se penche pour changer le disque d'un lecteur de DVD et la sarabande recommence. Mme Musil s'accroupit à hauteur de sa fille, lui retire son blouson, son écharpe et ses gants.

— Quelle jolie fête, Louise ! Tu vas aller danser avec les autres enfants ? Regarde, on dirait que même Tamy s'est décidée !

— Mais si j'y vais, tu partiras ?

— Louise, tu m'avais promis !

Mme Musil sent la colère monter mais elle décide de se contrôler. Elle plie sur son bras le blouson de sa fille.

— Je partirai tout à l'heure, dit-elle finalement. Tu sais que je n'ai pas le choix. J'ai mon chef qui m'attend.

Louise fronce les sourcils.

— Est-ce que tu reviendras ?

Mme Musil prend les petites mains et les porte à ses lèvres.

— Une maman ne va jamais loin. Une maman revient toujours chercher sa petite fille.

— Et si tu mourais, par exemple ?

— Une maman ne m…

Mme Musil se retient juste à temps.

— Il ne faut pas t'inquiéter. Pour l'instant, je suis là. Montre-moi un peu quelle bonne danseuse tu es.

— Je ne sais pas.

## 44

Ça y est, c'est reparti. Louise joue sans arrêt les pots de colle ces derniers mois. Mme Musil s'empresse de rejoindre le groupe des adultes, tentant d'ignorer les doigts de Louise qui lui cisaillent le poignet. Les parents de Tamy ont l'air de deux géants, habillés sur

leur 31, réjouis. Le père a passé un bras autour des épaules de sa femme. Ils contemplent d'un air rêveur le groupe d'enfants qui dansent, entraînés par la fée blanche qui tortille des épaules et se déhanche sur un rythme disco.
— On dirait que Tamy prend goût à la fête ! hasarde M$^{me}$ Musil.
— Elle a toujours été un peu farouche, reconnaît la maman. Mais je tenais à ce qu'on marque le coup pour ses trois ans !
— C'est une drôlement bonne idée d'avoir loué une salle chez Toy's Child, déclare M$^{me}$ Musil poliment.
— Et ça ne vous a pas coûté trop cher ? demande une jeune femme en regardant ses doigts.
— 240 euros, dit la mère de Tamy fièrement.
— Ah quand même, évalue la jeune femme. Avec les fées ?
— Oui, les fées sont comprises dans le forfait. Avec les animations, le gâteau, et même… Allez, je vous le donne ! Un petit cadeau surprise à la fin de la fête pour chaque enfant !

À ce moment précis, Tamy déboule en larmes du fond de la salle. Sa mère la prend dans les bras, la fait tourner doucement.
— Mais arrête de pleurer… Tu vas enlever tout le beau maquillage que t'a mis la fée ! Arrête, Tamy, ça va couler ! Tamy ! Tu ne vois pas que la fée bleue te parle ?

La mère de Tamy repose sa fille au sol, en face de la fée bleue qui s'est agenouillée. C'est une brune anguleuse aux bras minces et aux gestes nerveux. Sa baguette à la main, elle se démène pour consoler l'héroïne de la journée :
— Qu'est-ce que tu veux faire, Tarama ? Il faut que tu me dises ! C'est toi la reine de la fête, aujourd'hui ! C'est TA fête ! Tu ne veux plus danser avec la fée blanche ? Mais à quoi tu veux jouer ?

Tamy regarde alternativement sa maman et la fée, pas du tout rassurée. Puis ses hoquets s'apaisent.
— Je-veux-faire-un-dessin, renifle-t-elle finalement.
Le front de la fée se plisse.
— Un dessin ? Mais tu peux dessiner chez toi ! Ici, il faut que tu joues à un jeu d'anniversaire ! Avec tous tes amis !

M^me^ Musil est déjà en retard de dix minutes à son travail. Si elle ne perd plus de temps, son chef ne va pas la louper. Elle décide d'accompagner Louise à la séance de maquillage qui s'organise autour de la fée blanche. Malgré tous ces enfants qui s'agitent autour d'elle, remarque M^me^ Musil, la fée blanche semble plus à son aise que sa consœur bleutée. Elle observe cette blonde à cheveux longs au visage poupin, au menton semé de quelques traces d'acné. Et quand le premier petit gars est enfin maquillé — il a un rond rouge sur le nez et de grandes moustaches —, elle demande résolument :
— Pouvez-vous maquiller ma fille ?
La Fée blanche lance à Louise un regard pénétré.
— Tu veux être maquillée, ma poupée ?
— Je ne sais pas.
Un grand sourire éclaire le visage de la fée.
— Je peux te maquiller en princesse, en fée ou même en petit chat. Tu voudrais que je te maquille en petit chat mignon avec de grandes moustaches ?
— Non, en sorcière.
La fée blanche écarquille les yeux. Ça lui fait un visage pas très vrai, comme dans les dessins animés.
— En sorcière ? Quelle drôle d'idée ! Mais c'est très très vilain, les sorcières…
— Maquille-moi en sorcière ! Une sorcière tout en noir !
Louise prend place dans le petit fauteuil et la fée blanche s'accroupit devant elle, sa palette à la main.

Tamara les regarde tout en tripotant sa couronne en carton, captivée. La fée dessine à Louise des boucles noires autour des yeux, sur l'arc blond des sourcils, sur le velours des joues. Elle vernit de noir la petite bouche fine.

— Regarde, maman, la sorcière que je suis !

Mme Musil dépose un baiser sur le front de sa fille. Puis, posant la main sur le bras de la fée blanche :

— Je dois faire un saut à mon bureau, juste à côté. Je peux vous confier Louise ? Vous croyez que ça ira ?

— Mais bien sûr ! claironne la fée blanche. Louise est une grande fille et on s'amuse drôlement. Hein, Louise, qu'on s'amuse comme des folles à l'anniversaire de Tarama ?

— Je ne sais pas, dit Louise gravement.

Et elle lance à sa mère un regard chancelant. Mais Mme Musil prend les devants. Elle attire la fée blanche à l'écart, prestement :

— Je ne sais plus comment faire. Ces derniers mois, Louise ne veut pas me lâcher d'une semelle. J'ai peur qu'elle ne panique…

— Ne vous en faites pas, répond la fée blanche doctement. Les angoisses de séparation sont une chose très fréquente à trois ans. Mais nous sommes formées. Nous savons les gérer.

— Ah oui ? Et vous faites comment ?

La fée blanche paraît réfléchir, tout en se grattant l'épaule discrètement.

— Vous avez un objet transitionnel ? Un doudou ? Un foulard ?

Mme Musil porte la main à son cou, instinctivement.

— Ni doudou ni foulard. J'aurais dû y penser.

— Pas de panique. Nous allons trouver ensemble une solution.

La fée blanche revient vers les enfants et s'assied sur un tabouret à hauteur de Louise. Elle entoure des

deux mains le petit visage blanc :
— Maman reviendra tout à l'heure et tu ne t'inquiéteras pas. Tu sais ce que tu vas faire, à la place ?
— Non.
— Tu vas lui garder un petit bout du cake au chocolat. Et quand elle reviendra, elle mangera ce petit bout que tu as gardé pour elle. Ce sera comme un pacte entre vous, le signe que maman va bientôt revenir.
— C'est une idée terrible ! renchérit Mme Musil. Hein, Louise, que tu laisseras un morceau du gâteau pour maman ?
— Je ne sais pas.

Louise ne bouge pas. Elle ne regarde pas sa mère remettre son sac sur l'épaule et traverser la salle d'un pas vif, en refermant son manteau. Se concentre sur la palette. Rouge, bleu, jaune, vert. Rouge, bleu, jaune, vert. À ce moment, une musique ressemblant au générique de *Petit Potam* retentit dans les parages immédiats de la fée qui extirpe un portable des plis de sa grande robe.
— Tiens-moi ça ! s'écrie-t-elle en tendant son pinceau à Louise.
Louise tient le pinceau bien droit pendant que la fée blanche téléphone.
— Oui, explique la fée (elle a coincé sa baguette magique sous l'aisselle). Les réservations sont full pour janvier. C'est pour un quel âge ? Un huit-ans ? Je vous recommande les options « dragons » ou « pirates », parfaites pour un huit-ans !
Quand la fée blanche raccroche, Louise tient toujours son pinceau très droit. Mais ses lèvres sont pincées.
— Enlève-moi le maquillage !
— Ah non, proteste la fée blanche.

Elle donne un petit coup de baguette sur la tête de Louise.
— Abracadabra-cadabra, tu es devenue sorcière ! Et tu le resteras !

Mais Louise ne rigole pas. Son visage immobile, ses yeux déjà brouillés sont un signal d'alarme. Elle va partir en vrille illico, c'est du tout cuit.
— Les sorcières, c'est vilain ! Les enfants, ils vont avoir peur de moi !

La fée blanche a, d'un coup, l'air très fatigué. Elle se lève, va chercher des Kleenex dans son sac à main en croco et en tend deux à Tamara.
— Tu peux démaquiller ta copine, poupée ? Moi, je vais jouer au petit poisson avec les autres enfants.

Tamy commence à démaquiller Louise, à grands coups de Kleenex. Elle lui étale de grandes traînées noirâtres, comme des traces de charbon, en travers du visage. La fée blanche en profite pour organiser une ronde avec six enfants. Elle s'agite, fait voleter la traîne de son chapeau, pousse de grands roucoulements.
— Ouhouhouhou ! Le petit-poisson devient pêcheur ! Qui on a attrapé, là ? C'est Yvan qu'on a attrapé ? Ouhouhouhouhou ! Yvan, mon petit chou, tu es le pêcheur, maintenant !

C'est alors que tout devient noir. Louise écarquille les yeux, aveuglée. Apparaissent trois bougies phosphorescentes, puis le gâteau dans lequel elles sont plantées, puis la fée bleue qui porte le gâteau, solennellement. Une sono se déclenche depuis le plafond, assourdissante : « *Happy birthdaaay to you, Tamara ! Happy biiirthday to youououou !* »

Les enfants ne jouent plus. Tamy se lève en lâchant son Kleenex, l'air tendu et presque hypnotisé. Elle s'avance et souffle les trois bougies d'un coup, comme si sa vie en dépendait. Louise la suit à la trace. Une salve d'applaudissements part du coin des adultes, à l'entrée de la salle. Les lumières se rallument, violentes.

— Tous à table, les enfants! crie à tue-tête la fée bleue. Le goûter vous attend!

La plupart des petits se ruent sur le buffet, les paupières clignotantes. La fée bleue soulève Tamy, encore subjuguée et molle comme une chiffe, et la pose à la place d'honneur, sur un fauteuil doré. Louise se tient à sa droite. Il y a des feux follets sur chaque part de gâteau et la fée blanche distribue les assiettes. Elle en tend une à Louise:

— Tu te souviens de ce qu'on a dit?

— Je dois garder une part pour ma maman, répond Louise.

Et elle pose l'assiette devant elle, sans la toucher. Elle couve des yeux le morceau de gâteau fondant, ce talisman dangereusement appétissant. Puis elle souffle sur le feu follet et se met sur la tête le chapeau pointu, pour passer le temps. Elle regarde les sifflets déroulants en papier, et les enfants qui se mettent à souffler dedans. Ils sifflent, ils piaillent, ils mangent, et ça fait un brouhaha épais, qui soudain s'amenuise.

— Non mais vous vous rendez compte de ce que vous m'annoncez? est en train de crier la fée blanche. Pas d'anniversaire prévu au printemps!

Les enfants ne mangent plus. La cuiller en suspens, ils regardent tous la fée vissée à son portable, qui tourne en rond très vite au milieu de la salle. Sa traîne de mousseline balaye le plancher de petits cercles vagues.

— Et mon contrat, alors? Comment ça, c'est très compromis? Mais vous vous étiez engagé!

La fée blanche baisse la voix d'un coup, en découvrant les yeux ronds des enfants. Elle tente une sorte de clin d'œil vaguement grimaçant et disparaît derrière un rideau vert.

Quand elle revient, une demi-heure plus tard, la grande horloge murale en forme de Mickey Mouse indique déjà cinq heures et quart. La salle s'est dépeuplée. La fée blanche a les yeux un peu gonflés et la mâchoire crispée. Elle dit à la fée bleue :

— Ces salauds se rétractent. On peut faire une croix sur nos contrats, ils s'en tapent.

— C'est pas vrai, grommelle la fée bleue. Les enculés de leur race.

La fée blanche a l'air vraiment paumée. Elle s'assoit sur le banc et demande à sa collègue, comme si elle n'avait pas le courage de regarder par elle-même :

— Les gamins sont partis ?

— Les parents sont déjà presque tous arrivés.

— Et Tarama ? demande la fée blanche, toujours sans lever les yeux.

— Oh, répond la fée bleue. Je lui ai filé une feuille de papier. Elle voulait dessiner.

La fée blanche finit par se retourner. Le soir tombant allonge ses ombres douces dans la grande salle jonchée de serpentins. Tamy crayonne, allongée par terre, quelques feutres éparpillés autour d'elle. Louise se tient seule à table, le visage balafré de traces noirâtres. Elle contemple son assiette vide où ne restent que quelques miettes de gâteau au chocolat. Les yeux de la fée vont de l'assiette au visage de Louise. Il est tout blanc.

— Alors tu as mangé tout le gâteau, finalement ?

— Oui.

— Ne t'inquiète pas, poupée. Ces histoires de gâteau, c'est des bêtises en vrai. Elle va revenir de toute façon, ta maman. Les mamans reviennent toujours chercher leur petite fille.

— Je ne sais pas, répond Louise d'une voix un petit peu plus aiguë.

La fée blanche renifle un grand coup et elle s'essuie le nez. Elle esquisse un sourire stéréotypé :

— Viens par ici, veux-tu.

Louise se lève, toute droite, et vient se poster devant les genoux de la fée. La fée prend sa tête de dessin animé.

— Tu vois, mon petit trésor, tu te poses trop de questions. Où est passée ma baguette, déjà ?

À défaut d'autre chose, elle pique la baguette de la fée bleue, qui traîne sur la table entre les assiettes sales.

— Abracadabra-cadabra, la fée va te raconter une histoire !

Louise l'observe sans bouger. Quelques secondes plus tard, la fée blanche l'attrape et l'assoit sur ses genoux. Louise se laisse faire, docile.

— Quelle histoire veux-tu que je te raconte, ma poupée ? L'histoire de Franklin la Tortue quand il trouve le trésor englouti ? De Charlie et la chocolaterie avec ses bonbons magiques ?

— Raconte-moi l'histoire d'une petite fille, ses parents, ils sont morts.

La fée blanche entrouvre la bouche.

— En voilà une bien bonne !

Ses épaules s'affaissent.

— Manquerait plus que je te raconte une histoire pareille.

— Bon je vais fumer une clope, moi, décrète la fée bleue après avoir empilé trois verres en plastique dans une assiette.

— Te foule pas trop, surtout ! lui lance la fée blanche, remontée.

— Raconte-moi l'histoire d'une petite fille, ses parents, ils sont morts, reprend posément Louise.

La fée blanche ne se sent plus le courage d'exécuter un « abracadabra-cadabra ». Elle pense à sa dissert de droit pénal, qu'elle doit pondre pour le lendemain. À ce fichu contrat qui lui passe sous le nez. Elle soupire encore.

— Mais pourquoi ils seraient morts, ses parents ?

— Quelqu'un leur a fait du mal, ils zont été malades et boum, c'est la vie.

— Alors c'est l'histoire d'une petite fille, ses parents, ils sont morts, se résigne la fée.

Louise la regarde avec intensité.

— Et comment elle fait, la petite fille, pour manger ?

— Eh bien, elle grimpe sur un escabeau, et comme ça, elle peut cuisiner elle-même ses pâtes. Elle les jette dans l'eau et poum ! ça cuit.

— Mais comment elle fait ? répète Louise, inquiète. Elle ne sait pas cuisiner !

— Mais si, rectifie la fée. Avant de mourir, sa maman lui a bien tout montré !

— Et pour aller chercher les patates au magasin, comment elle fait ?

— Il y a des grands qui l'aident.

— Et si les grands ne sont pas gentils ?

— Elle va trouver des grands gentils pour l'aider. Parce que c'est une mignonne petite fille, tout le monde lui téléphonera pour lui dire : est-ce que je peux t'aider ? Tu as des patates à aller chercher ?

Louise se frotte le nez, circonspecte.

— Et puis, improvise la fée, elle a bien des doudous ?

— Oh oui, répond Louise, empressée.

Elle compte sur ses doigts.

— Elle a un tigre, deux chiens, un lion. Et même un éléphant avec une cravate.

— Eh bien, le tigre va l'aider. Et les chiens aussi. Et même le lion.

— Et même pour se laver les cheveux.

— Pour se laver les cheveux, c'est l'éléphant avec la cravate qui s'y collera.

Louise regarde la fée blanche, gravement.

— Cette petite fille, elle s'appelle Louise.

— Ah non!

La fée secoue la tête. Qui est-ce qui lui a fichu une gamine pareille.

— Elle ne s'appelle pas Louise du tout, justement. Elle s'appelle Mirabelle! Mirabelle Molinel! C'est pas toi!

— Non, c'est une Louise, répond Louise posément. Elle est différente mais elle s'appelle Louise aussi, comme moi.

Les yeux de la fée blanche, qui scrutent Louise avec inquiétude.

— Mais tes parents à toi, ils sont vivants, en bonne santé!

— Oui, mais ses parents à elle, ils sont morts.

Sans trop savoir pourquoi, c'est sûrement cette histoire de contrat, ou le minois impassible de la petite. La fée blanche s'est sentie flancher. Elle a attiré contre son épaule le front lisse de Louise et elles sont restées un moment dans la salle ombreuse, sans parler. Fichu métier.

# Les deux cerisiers

Quand Stéphane ouvrit les volets, il vit Carla qui bêchait dans le jardin. Elle portait une robe en coton très courte, d'une couleur pastel, qui découvrait ses jambes musclées par le jogging et ses pieds dans les tongs, tout bronzés. Stéphane s'appuya à la fenêtre.

— Tu fais quoi ?

— Je creuse un trou pour planter les cerisiers !

— Tu veux planter les deux ? C'est beau comme du Peynet !

Carla mit la main en visière devant ses yeux.

— Comme du quoi ?

— Tu sais qu'on a invité Sergio et Sabine, ce midi !

— Ah mince, fit Carla en mettant la main devant sa bouche. Je les avais oubliés !

Elle laissa tomber la bêche à ses pieds et se dirigea vers la maison. Stéphane ferma la fenêtre et sortit de la chambre pour aller ramasser la bêche. Si quelqu'un par hasard se prenait les pieds dedans... Carla avait parfois de drôles de manières.

— Je vais préparer des tomates à la vinaigrette et un taboulé, dit-elle quand ils se croisèrent sur la terrasse. Ça te paraît bien, mon chéri ?

Elle l'embrassa légèrement sur la bouche et s'empressa de rejoindre la cuisine.

Sergio et Sabine arrivèrent vers une heure. Main dans la main, Stéphane et Carla regardèrent leur 204 regimber devant le dénivelé. Ils n'avaient pas changé de voiture depuis que Stéphane les avait rencontrés, il y a bientôt dix ans. Sabine claqua la portière en sortant. Elle portait un chemisier jaune estival, à manches bouffantes.

— T'es drôlement élégante ! s'amusa Stéphane en lui faisant la bise.

— Je me suis mise sur mon 31 pour rencontrer ta femme, minauda Sabine.

Ses petites dents brillèrent. Elle regarda Carla.

— Je peux t'embrasser ?

— Bien sûr, dit Carla en rougissant un peu.

— Tu aimes la crème de cassis ? demanda Sergio en lui tendant une bouteille.

— Oui, dit Carla.

Elle fit tourner doucement la bouteille entre ses doigts.

— Enfin je ne sais pas, je n'ai pas l'habitude d'en boire. Mais je vais goûter, elle ajouta.

Carla avait mis le couvert sur la terrasse. Il faisait vraiment beau et le soleil miroitait sur la Seine, en contrebas. Stéphane mit sur la chaîne le CD d'Ali Farka Touré et ouvrit grand les portes du salon, pour que la musique se déploie. Puis il déboucha la crème de cassis et prépara quatre kirs. Mais Sergio et Sabine ne s'asseyaient pas. Appuyé au muret de pierre, Sergio tripotait les clefs de sa voiture et Sabine, son sac sur l'épaule, se retournait sans cesse. Elle observait le fleuve, le jardin, la maison, puis de nouveau Stéphane et Carla.

— C'est drôlement beau ici, dit-elle finalement. Vous avez vraiment trouvé un chouette endroit.

Sergio l'attira vers lui en la prenant par l'épaule.

— Tu ne serais pas un petit peu jalouse, par hasard ?

Sabine se mit à rire et posa son sac sur une chaise.



— C'est bien possible ! Quand je pense qu'il y a trois mois, Stéphane vivait encore dans notre vieil immeuble, et voilà !

— On a beaucoup de chance, confirma Carla en déplaçant un hibiscus en pot sur la terrasse. Moi non plus, je n'avais jamais vécu dans un endroit comme ça.

Stéphane surveilla ses amis du coin de l'œil. Il avait peur d'un coup que Sabine et Sergio ne reviennent plus, à cause de la maison. Trop belle, pas méritée. Un peu comme Carla. Stéphane avait eu un bol inespéré, il y a six mois. Il avait touché l'héritage d'un grand-oncle qu'il connaissait à peine et avait pu acheter cash cette jolie meulière avec vue sur la Seine. Presque au même moment, il avait rencontré Carla.

— Il faudra venir dès que vous voulez, il s'empressa. Et même avec les filles! Ça leur fera du bien de se mettre au vert, elles aussi!

— Oh les filles, soupira Sergio, tu pourrais les enfermer dans un cagibi qu'elles ne s'en apercevraient même pas. Du moment qu'elles ont leurs game-boy à la noix...

— Vous nous faites faire le tour du propriétaire? suggéra Sabine en mettant ses lunettes de soleil.

Stéphane et Carla les précédèrent dans le salon fraîchement repeint. Ils étaient fiers comme des papes. Ils leur ouvrirent la porte des deux chambres mansardées avec vue sur la Seine, au premier. Et même celle des toilettes, pour leur faire admirer l'abattant tout neuf des WC. Puis ils redescendirent tous les quatre en file indienne, prudemment, car l'escalier n'était pas encore équipé d'une rampe. Dans toute la maison, racontait Stéphane, ils avaient cassé les lambris, mis à jour des couches de Placo, de polystyrène, de plâtre. Ils avaient gratté les murs, avaient refait l'enduit et la peinture. Ils firent une nouvelle halte au seuil de la cuisine.

— C'est Stéphane qui a remis aux normes l'électricité, expliqua Carla. Et on a posé nous-mêmes le carrelage.

— Carla se cognait les murs tous les matins avant d'aller travailler, ajouta Stéphane en lissant dans sa main les longs cheveux de Carla. Elle mettait le réveil à cinq heures, un petit café et hop ! elle s'y mettait. Le soir, après dîner, elle y retournait encore. Elle en oubliait même de me causer !

Sabine releva sur son front ses lunettes de soleil.

— Bras cassé comme je suis, moi je n'y serais jamais arrivée !

— C'est vrai, confirma Stéphane. Je n'ai jamais vu une fille aussi tenace que Carla.

Il y a huit jours, Carla s'était retrouvée tellement courbaturée qu'elle avait mis plus de dix minutes avant de réussir à se lever du lit. Mais elle avait avalé deux aspirines et repris son pinceau aussi sec. Depuis trois mois, elle ne dételait pas. Quand Stéphane se mettait en rogne ou se décourageait, elle continuait de gratter, de poncer ou d'étaler l'enduit, sans sourciller. Parfois, il s'asseyait sur l'escalier et, en fumant sa cigarette d'un air épuisé, il la regardait peindre ou poncer. Il était étonné. Il se demandait d'où lui venait cette ténacité. Est-ce que c'était inné chez elle ? Est-ce qu'elle priait le soir pour en arriver là ? Est-ce qu'elle en avait tellement vu, avant, qu'elle avait décidé de réussir coûte que coûte cette vie-là ? Il savait plus ou moins, par une collègue de travail qui était une ancienne copine de Carla, que son premier mariage avait été une épreuve. Son mari avait tout l'air d'une brute, portée sur la bouteille. Mais parler du passé n'intéressait vraiment pas Carla. Et ils n'étaient ensemble que depuis quelques mois.



Dix minutes plus tard, quand ils furent tous assis sur la terrasse, Sergio croqua une cacahuète et demanda :

— On met combien de temps pour faire le tour de l'île en kayak ?

— Une heure, dit Stéphane en reposant son verre. C'est bien le temps qu'on a mis la dernière fois, Carla?
— Oui, dit Carla en apportant les tomates à la vinaigrette. Une heure, en ramant bien.

Elle posa l'assiette sur la table et prit une poignée de chips. Ses cheveux bruns lui recouvraient le dos comme un rideau lustré.
— Quand on aura des sous, on achètera un hors-bord. Un vrai. Avec un moteur qui vrombit et tout.

Elle s'assit à côté de Stéphane en croquant sa chips et replia sa jambe sur la chaise. Stéphane vit le vernis nacré sur les ongles de ses orteils et sa plante de pied brunie par la terre, sous les tongs. Des cygnes avancèrent sur le fleuve en secouant les ailes. Il eut très envie de faire l'amour avec elle.
— Et vous lancerez votre hors-bord à fond, exprès pour faire crier vos mioches! cria Sabine.

Stéphane sourit. Sergio reprit une gorgée de kir. Sabine les regardait en plissant les yeux, d'une drôle de manière.
— On est drôlement contents de te rencontrer, Carla.
— Moi aussi, dit Carla tout à trac. Stéphane m'a dit que vous étiez beaucoup plus que des voisins. Quelque chose comme sa deuxième famille.
— Connaissant ses parents, je ne suis pas sûre que ce soit un compliment!

Stéphane se mit à rire, puis Sergio et Sabine, et finalement Carla. Ils se regardaient en riant, et Stéphane se sentit très heureux, brusquement.

Après le déjeuner, il aida Sergio et Sabine à mettre le kayak à l'eau et leur tint l'embarcation pendant qu'ils grimpaient à bord. Puis il les regarda quitter la rive sous l'œil méfiant des cygnes. Ces grands canards améliorés faisaient de petits clapotis avec le bout des ailes, sans oser approcher. L'eau très calme, le soleil miroitant ralentissaient tout et, quelques instants plus tard, il vit Sergio reposer les rames à l'intérieur de la barque. Ils étaient arrivés presque au milieu du fleuve. Le buste trapu de Sergio était penché vers celui de Sabine. Il devait lui parler. Et le kayak dérivait doucement, hypnotique, entre les saules ruisselants et les galettes brillantes des nénuphars. Stéphane chercha Carla des yeux. Il aperçut sa silhouette en tablier derrière la fenêtre de la cuisine. Elle devait faire la vaisselle. Carla faisait toujours la vaisselle juste après le déjeuner. Il eut envie d'aller la voir, de la déranger, les bras dans l'évier, les mains pleines de mousse, juste pour l'embrasser. Mais non, ça n'était pas la peine de se précipiter, comme si tout risquait toujours de s'effondrer. Carla était là, elle partageait sa vie, il suffisait juste de croire en cette nouvelle réalité. La laisser inonder sa vie comme une eau calme.

Il alla chercher la tondeuse dans la remise et la mit en marche en tirant sur la ficelle. Le bruit du moteur se répandit jusque dans le voisinage en ondes concentriques. Il grimpa debout à l'arrière. L'herbe coupée avait une odeur forte et fraîche, printanière. Perché là-haut, dans le vrombissement du moteur et l'odeur tenace du gazon, il se sentit heureux comme un enfant, mais avec la force et la patience d'un homme. Il tondit tout le jardin à l'avant de la maison, jusqu'à la rangée de pommiers. Puis il vit Sergio et Sabine remonter le talus. Ils étaient trempés comme des soupes. Il coupa le moteur et le silence revint.



— Ça va ? demanda-t-il en descendant de son engin.

— Votre kayak est percé ! s'écria Sabine en essorant son chemisier. Mais on a fait tout le tour de l'île, c'était génial. On va rentrer, elle ajouta.

Stéphane fit la moue.

— Vous y allez déjà ?
— Faut qu'on prépare le dîner des filles, dit Sergio en lui donnant une petite bourrade. Bientôt, tu comprendras.
— Attendez, je vais vous chercher des vêtements secs. Vous ne pouvez pas rentrer à Paris comme ça.

Il remonta à la maison, choisit dans son placard un tee-shirt et un jean à lui pour Sergio. Il ouvrit la commode où Carla rangeait ses habits. À côté des robes d'été, dans le deuxième tiroir, il vit une grosse enveloppe cartonnée qui portait la mention « Divorce. Preuves à charge. » L'enveloppe avait l'air drôlement remplie. Il résista à la tentation de l'ouvrir. C'était assez étrange d'imaginer Carla énumérant des preuves pour couler un homme, quel qu'il soit. Il évita soigneusement de toucher l'enveloppe en dépliant une robe à carreaux pour Sabine et il redescendit. Lorsqu'il revint au jardin, les vêtements sur les bras, Sergio et Carla bêchaient. Sabine les observait assise sur la pelouse, tout en mâchouillant un chewing-gum.
— À nouveau les cerisiers ? demanda Stéphane.
— On participe à la mise en terre, sourit Sabine. Comme ça, dans vingt ans, on pourra témoigner !
— *On* participe ? ironisa Stéphane, en s'asseyant dans l'herbe à ses côtés.

Carla avait dépoté la plus grande des deux pousses. Elle la posa délicatement au fond du trou et reboucha avec l'aide de Sergio. Puis elle se chargea des finitions toute seule, en tassant le terreau du plat de la bêche. Sabine et Sergio applaudirent. Carla s'essuya le front avec l'avant-bras. Puis elle se déplaça de quelques centimètres et recommença à creuser.
— Mais pourquoi est-ce que tu plantes l'autre pousse à côté ? demanda Stéphane en se relevant. Ils risquent de s'étouffer !
— Et alors ?

— Comment ça, et alors.

Carla se redressa. Elle avait le visage en sueur.

— Ainsi, il en restera au moins un !

Stéphane la regarda bizarrement.

— Je ne comprends pas.

Carla se raidit un peu. Elle était légèrement plus grande qu'eux mais Sabine s'était relevée aussi et ils lui faisaient face tous les trois.

— C'est pourtant simple, elle reprit. Le plus fort va étouffer l'autre, l'autre va crever et le plus fort va pousser.

Stéphane se tut. Sabine cessa de mastiquer son chewing-gum.

— C'est une sorte de sélection naturelle, dit Sergio avec gêne.

Le visage de Stéphane se durcit.

— Non. N'allez pas croire qu'elle pense ce qu'elle dit. C'est du n'importe quoi.

Il retroussa ses manches, prit la bêche des mains de Carla. Elle s'y agrippait. On aurait dit qu'elle ne comprenait pas.

— Tu veux vraiment planter la deuxième ?

— Mais oui !

— Alors creuse un autre trou. Non, pas ici. De l'autre côté du puits, là-bas.

Elle reprit la bêche.

— Ici ?

— Non, plus loin du grillage. Ici, voilà.

Carla creusa docilement. Stéphane s'accroupit à ses pieds, tassa la terre du plat des mains. Son cœur cognait très vite. Sabine et Sergio les observaient sans rien dire. Quand la pousse fut en terre, ils se précipitèrent sur eux pour leur faire la bise.

— Allez, c'est qu'on y va !

— Vous ne vous changez pas ? dit Stéphane en montrant les vêtements propres encore pliés dans l'herbe.

— Laisse tomber, dit Sergio en lui tapotant le dos. On est bien dans nos fringues, ça ira.

Ils les raccompagnèrent jusqu'au portail et agitèrent les bras pour leur dire au revoir. Puis la voiture disparut et le silence peuplé du coassement des grenouilles revint. Carla restait à côté de Stéphane, silencieuse. Elle ne bougeait pas et elle évitait de le regarder. Il avait l'impression glaçante d'avoir une inconnue à ses côtés. Luttant contre lui-même, il fit glisser ses doigts sur son épaule. Elle ferma les yeux. Est-ce qu'elle s'abandonnait, est-ce qu'elle évitait de le voir ? Sa peau nue était douce, hâlée, rendue légèrement glissante par la chaleur. Il la serra un peu, sentit ses seins s'écraser contre lui. Il chercha dans son cou, à l'aveugle, l'odeur de ses cheveux. Il avait besoin de force. De lui faire l'amour là, tout de suite et maintenant, pour conjurer les mauvais augures.

# Le chauffe-eau

— Mes chers petits, c'est trop bête ! a crié pépé. J'ai encore oublié de vous montrer le chauffe-eau !

Et il a allumé la lumière en grand dans la chambre, au moment pile où Maxou s'endormait.

— Laissez tomber, pépé ! On n'a pas besoin du chauffe-eau cette nuit ! a soufflé Antoine énervé.

Et il a tout de suite éteint la lumière, ne laissant subsister que l'ombre rose de la veilleuse de fortune qu'on avait fabriquée avec une serviette et une lampe de chevet.

Mais déjà pépé traversait la chambre de son pas hésitant de vieillard, se cognait dans le chambranle, allumait la lumière de la salle de bains, éblouissante.

— Le petit dort ! a sifflé Antoine entre ses dents. On verra ça une autre fois, je vous en prie.

— Antoine ? Venez voir par ici ! Vous voyez ce robinet ?

J'ai senti Antoine sur le point d'exploser. Vingt minutes qu'il chantonnait des berceuses à notre fils pour l'aider à s'endormir dans cette chambre inconnue de lui.

— Vas-y, j'ai murmuré, sinon, je te garantis qu'on n'a pas terminé. Je m'occupe du bébé.

Couché dans son lit à barreaux, Maxou écarquillait les yeux. De l'autre côté de la cloison, parvenaient des bruits stridents de robinets qu'on enclenche, l'éclat de lumières qu'on allume et éteint brutalement. J'avais envie de rire. J'imaginais Antoine fumasse, écoutant les explications redondantes de pépé. Ce qu'il avait pu me terrifier, ce grand-père, quand j'étais gamine... Le directeur d'école avait la voix tranchante et la main leste, si on lui répondait. À l'époque, d'ailleurs, personne ne mouftait. Même mémé, même mon père qui gardaient, en pareilles circonstances, les yeux fixés sur leurs chaussures ou sur la toile cirée.

— Il est toujours aussi chiant, j'ai expliqué à Maxou doucement, mais pour des raisons différentes. Il est dans son monde, il n'entend plus ce qu'on dit…

— Sian ? a répété Maxou intrigué.

J'ai glissé un bras dans le lit, lissé son drap machinalement.

— Oui, il a toujours fait suer son monde, mais maintenant, il ne le fait plus exprès.

Pépé avait passé presque toute la journée à l'étage, à dormir. Il s'était levé pour le déjeuner et sa descente infiniment lente, trébuchante des escaliers avait été pour toute la famille un long moment de suspense éprouvant. Au repas, il fredonnait à l'improviste des chansons de pompier, en se resservant du Kriter qu'il versait sur la nappe, parce qu'il n'y voyait absolument rien. En voulant nous aider à débarrasser, il avait mis le biberon de Maxou dans le bac des déchets à recycler. On avait fouillé toute la maison, mis plus d'une heure à le retrouver. Bien sûr, on ne lui faisait rien remarquer. Pas seulement par humanité. Au fond de moi, je craignais toujours un peu de voir reparaître la lueur froide dans les petits yeux bleus et d'entendre de nouveau cette intonation des jours de colère, tranchante comme un couperet. Atavisme…



C'est Maxou qui a vu juste. En avisant, ce midi, le tyranneau qui avait glacé mes week-ends d'adolescente, au lieu de pépé, il l'a appelé :

— Poupée !

Sur le moment, ça m'a ouvert les yeux. J'ai reposé ma fourchette et je l'ai regardé. Tandis que mémé lui découpait sa viande en petits morceaux dans l'assiette, il jouait à faire avancer ses doigts sur la nappe, en disant : « La petite bête, la petite bête… »

C'est vrai qu'il était devenu ça : une poupée chétive et inoffensive, un bibelot fragile, prompt à se disloquer.

J'ai caressé le lapin en peluche que Maxou serrait contre lui. Je me sentais tendre, et gaiement magnanime. Peut-être soulagée.

— Faut pas lui en vouloir, j'ai chuchoté. Tu vois, il fait du bruit, mais c'est plus trop sa faute… Il est comme un petit…

— Il nous faut des allumettes ! Il nous manque des allumettes pour allumer le chauffe-eau ! s'est écrié pépé en ouvrant d'un coup sec la porte de la chambre.

La lumière a vrillé, s'est éteinte brutalement. Antoine était sur ses talons, fermant tous les interrupteurs sur le passage du grand-père. Dans le couloir, j'entendais leurs voix assourdies. Ils monologuaient chacun de leur côté.

— De toute façon, mieux vaut ne pas faire marcher le chauffe-eau pendant la nuit, avisait doctement pépé. C'est tout à fait déconseillé…

— Ah ! On se demande pourquoi on réveille le petit, alors…

— Voyons voir… Les allumettes devraient être par ici !



La main de Maxou a tressailli une nouvelle fois sur le drap mais déjà, ses paupières retombaient.

J'ai caressé son lapin entre les deux oreilles.

— Lapin va faire dodo… Il est très fatigué…

Et les yeux de mon fils doucement se sont fermés.

Je me suis redressée, éloignant mon visage du petit lit de bois. J'entendais le chuintement très doux de sa respiration, comme un bruit d'eau léger. Je suis restée quelques minutes étendue sur le sofa de la chambre. Les volets étaient fermés et la veilleuse donnait aux rideaux blancs une teinte pastel, légèrement rosée. La maison tout entière baignait dans le silence. Je me sentais calme, apaisée. Et soudain pépé de nouveau est entré dans la chambre. Il se tenait juste en face du lit à barreaux, voûté, jambes écartées, une grosse boîte d'allumettes dans le poing.

— Ah?… Le petit est en train de dormir, là? il s'est écrié, avec une surprenante ingénuité.

Il me regardait bien en face, les poignets appuyés sur les barreaux de bois. Souriant. Instinctivement, je me suis redressée. Un soupçon incroyable m'a traversé l'esprit. Il avait l'air de beaucoup s'amuser.

# Le magnétophone

Restée seule, Zoé s'offrit le luxe d'un petit déjeuner dans le jardin de l'Hôtel Indépendance. Il faisait à peine jour. Elle avala une tartine de beurre un peu rance, un café tiède au goût de chicorée. Puis, son magnétophone sous le bras, elle héla un taxi. Direction Adjamé.

La coque gris métallisé du magnéto tressautait sur ses genoux à chaque cahot. Déjà, la chaleur s'épaississait autour d'elle, déposant sur ses bras une pellicule luisante. Le taxi traversa le centre d'Abidjan, s'engouffra dans les allées du bidonville. Les rues du quartier d'Adjamé n'étaient pas goudronnées et une poussière ocre s'élevait au passage de la voiture. Ça bringuebalait. Le chauffeur lui jeta un coup d'œil. Accrochés au rétro, des portraits d'imams enturbannés tressautaient contre des colliers.

— Vous êtes venue pour les vacances ?

— Oui.

Les yeux de l'homme se fendirent d'un sourire.

— Vous avez raison, c'est beau l'Afrique ! C'est votre première visite ?

— Non, dit Zoé. J'ai vécu ici quand j'étais petite.

— Ah ! Le rectangle du rétro lui renvoya un sourire plissé. Bon retour au pays !

Le chauffeur s'arrêta pour demander son chemin à une marchande de gingembre mais elle ne parlait pas le dioula. Il peina à redémarrer. Ils reprirent leur route, tournant et retournant dans le dédale sinueux bordé de baraques en tôle, de maisons sans toit ni fenêtres, de chantiers inachevés. Puis il trouva. Zoé paya et sortit. Devant elle se dressait un cabanon en planches mal dégrossies, coincé entre deux immeubles de parpaing. Au-dessus de la porte recouverte de peinture turquoise écaillée, une enseigne bancale indiquait: «Le Tout Paris. Haute couture et prêt-à-porter pour dames». La porte était ouverte. Elle entra.

Des pans d'étoffes recouvraient les murs et le plafond, s'empilaient jusqu'au sommet des rayonnages. Pagne, velours, organza, poult-de-soie, on se serait cru dans une caverne d'Ali Baba.

— Mademoiselle, vous désirez?

Du fond du magasin une petite bonne femme moulée dans une robe en stretch violette descendit de son tabouret.

— Batiks, pagne damassé, wax anglais? Dites-moi tout. C'est pour coudre une robe ou pour aménager votre chez-vous?

— Excusez-moi, je... je ne suis pas venue pour acheter, balbutia Zoé. Je suis à la recherche de Souleymane Cissé. On m'a dit que sa femme travaillait ici.

La vendeuse glissa en direction du magnétophone un discret coup d'œil étonné.

— Ah, vous êtes une amie de Souleymane! Je crains que vous ne le trouviez pas. Mais son épouse est là.

La petite femme souleva un rideau de pagne et précéda Zoé dans l'autre pièce. C'était un antre obscur, humide, où stagnait une odeur de papaye mûre. À l'intérieur, il y avait un grand fauteuil rembourré et une télévision, en marche.



Au moment où Zoé entra, la Baoulé enfoncée dans son fauteuil écoutait le «Jeu des Gagnants» à la Radio Télévision ivoirienne. D'énormes lunettes de soleil mangeaient son visage noir strié de petites rides.

— N'attendez pas qu'elle vous remarque, elle a perdu la vue, souffla la vendeuse à l'oreille de Zoé.

Elle gratta méticuleusement un reste de vernis à ongle sur son index.

— Je m'appelle Bibi, et vous ?

— Euh... Zoé.

Bibi éleva la voix :

— Petite maman, tu as de la visite. Mademoiselle Zoé est une amie de Souleymane !

La Baoulé tourna légèrement la tête, du fond de son fauteuil. Elle était vieille, si vieille que Zoé avait du mal à croire que c'était bien elle, l'épouse de Souleymane. Normal qu'elle ait changé, pendant ces douze années. Mais une telle métamorphose... Zoé se sentait intimidée, maladroite. Elle se tenait debout dans l'antre de la femme Baoulé, son magnétophone au bout du bras. Elle fit un effort pour faire quelques pas, s'approcher du fauteuil :

— Est-ce que vous vous souvenez ? Je suis la petite Française de la villa 501. Vous savez, la villa dont Souleymane était le gardien.

La Baoulé sourit. Elle dit :

— Ah oui, c'est bien. C'est gentil d'être venue nous rendre visite.

— Ça me fait plaisir de vous retrouver, reprit Zoé encouragée. Vous m'avez tous les deux manqué.

C'était un mensonge improvisé. En fait, avant de revenir ici, elle avait même oublié que Souleymane était marié. Elle reprit sa respiration, ajouta :

— J'ai une dette envers Souleymane. C'est lui qui m'a donné le goût de chanter.

À ce moment précis, elle sentit que l'attention de l'aveugle décrochait, ou plutôt se déplaçait d'elle vers l'écran allumé de télévision.

*« Voici maintenant la question d'or. Quelle est, concentrez-vous bien, quelle est la troisième ville la plus importante du Mali ?... 1,2,3... Oui, Monsieur, vous avez la réponse ? »*

La Baoulé semblait suspendue à la voix de l'animateur. Zoé attendit que tombe la réponse du Jeu des Gagnants puis, de nouveau, elle s'approcha :

— S'il vous plaît, dites-moi où il est.

L'aveugle esquissa un geste vague, comme pour vérifier que sa robe était bien boutonnée, et marmonna :

— Attends un peu chérie, il va rentrer…

Alors Bibi, qui se tenait appuyée depuis tout à l'heure dans l'embrasure, une main sur la hanche, lui fit signe :

— Pssst… Venez voir.

Zoé s'approcha :

— Vous savez mademoiselle, la petite maman a la tête un peu fatiguée. Vous ne trouverez pas Souleymane ici, comme je vous l'ai dit tout à l'heure. Il y a deux ans, il est parti à l'enterrement d'un cousin à Ouaga. Il n'est jamais revenu. D'abord, on a pensé qu'il avait pris la chefferie du village, c'était son rôle n'est-ce pas. Mais là-bas, les cousins nous ont dit qu'ils ne l'avaient jamais vu arriver. Son ombre se sera perdue en chemin, ajouta-t-elle avec un petit rire.

Zoé regarda Bibi sans rien dire. Depuis plus d'une semaine elle épluchait l'annuaire, sillonnait les quartiers d'Abidjan pour le retrouver. Treichville, Yopougon, Marcory… Elle avait frappé à des dizaines de portes, s'attendant chaque fois à le voir surgir miraculeusement. A présent elle était incapable de penser, de ressentir quoi que ce soit. Sauf peut-être une lassitude intense, dont le poids engourdissait sa nuque, ses épaules, ses jambes, la laissant vide de toute énergie.



— Le magasin m'attend, ajouta Bibi en consultant sa montre-bracelet. Alors surtout, n'oubliez pas de parler bien fort : la petite maman n'entend plus très bien non plus.

Un peu hébétée, Zoé s'accroupit à côté du fauteuil dans la pièce ombreuse et regarda la télévision avec la Baoulé une bonne partie de la matinée. Recroquevillée contre le fauteuil, les mains dans les poches de sa robe rouge froissée qui ressemblait à une chemise de nuit, elle se sentait triste et tranquille. Baignée dans l'odeur fœtale, l'odeur douceâtre et sucrée de la papaye mûre. Bercée par la torpeur, elle somnola. Elle regarda le Jeu des Gagnants, puis la publicité, puis encore le jeu des Gagnants. Enfin, lorsque des fourmillements commencèrent à lui cuire les jambes, elle se leva.

— Je vous laisse le magnétophone, dit-elle à haute voix à l'oreille de la Baoulé. J'avais promis à Souleymane de lui en rapporter un de France, il y a douze ans. Si un jour il revient, vous le lui donnerez !

La Baoulé esquissa le début d'un sourire et se rendormit, le menton appuyé contre la poitrine. De nouveau Zoé percevait le chuintement léger, régulier de sa respiration, dans la touffeur ambiante. Elle souleva le rideau de pagne et sortit. La lumière du jour l'éblouit comme si elle venait de passer des années enfermée dans une grotte. Juchée sur son tabouret, Bibi était occupée à nouer des rubans de couleur dans les cheveux d'une fillette en robe blanche assise sur ses genoux. Elle se tourna vers Zoé, lâchant l'enfant qui en profita pour s'échapper, ses rubans à moitié défaits dégringolant derrière elle sur le ciment battu. La petite disparut dans le coulis clair de la rue. Bibi descendit de son tabouret, ramassa un à un les rubans.

— Alors, vous avez tenu compagnie à la petite maman ? Elle est un peu fatiguée ces derniers temps.

— On dirait.

— Et Souleymane, dans quelles circonstances l'avez-vous rencontré ?

— Mes parents étaient coopérants ici quand j'étais petite. Souleymane gardait la maison. On passait beaucoup de soirées ensemble, sur la terrasse. On écoutait de la musique, on chantait.

Elle hésita, pendant que Bibi lissait les rubans colorés.

— Un été, pendant les vacances, j'ai appris qu'on ne rentrerait pas à Abidjan. Le contrat de mon père n'avait pas été renouvelé. Ça a été un choc. La fin de l'enfance mais sans préavis, vous voyez.

Bibi rajusta son collier de perles pensivement puis se tourna vers Zoé. Elle souriait. Elle avait des dents blanches, parfaitement alignées.

— Le temps passe vite dans nos contrées ! Mais puisque vous êtes venue, profitez-en pour regarder les pagnes. Comme je le dis toujours, plaisir des yeux ne vide pas la tirelire...

— Non vraiment, une autre fois, merci, bafouilla Zoé.

Elle sortit à la hâte, sans oser se retourner. Sentant peser sur elle le regard calme de Bibi qui avait repris sa place sur son perchoir et croisait lascivement ses jambes de starlette, au fond du magasin. Dans la poche de sa robe, son premier CD, mis en vente depuis hier chez tous les disquaires de France, tressautait sans la moindre utilité.

# Le chromo

Il s'engouffra dans la voiture, lança sa veste sur la banquette arrière et mit le contact. Ça y est, c'était fini. Il venait de quitter sa femme. Il démarra, tourna au coin de l'avenue et prit le périphérique, là où toutes les voitures venues de tous les immeubles roulaient. La pluie contre les vitres, c'était agréable. Pendant que la Lancia roulait, doucement il se détendait. Dans l'habitacle, il faisait sec et chaud. Il alluma l'autoradio. À l'intérieur de sa veste, son portable sonna. Il passa la quatrième, sans décrocher. Il craignait un peu que ce soit elle. Il n'avait pas envie d'entendre le son de sa voix. Tout contre sa poitrine, la petite musique cessa de chantonner. Il se remémora le message du répondeur, qui sûrement venait de se déclencher. «*Bonjour. Thomas Romann ne peut vous répondre pour le moment… C'est à vous!*»

Il consulta quand même sa messagerie, après. «*Salut papa… Est-ce que t'as reçu mon mail? C'est la fête de la Merced à Barcelone, ce week-end. Prenez un avion avec maman et rejoignez-moi! Ça me ferait trop plaisir de vous voir tous les deux, pour une fois…*»

Il glissa son portable dans la poche de sa veste, sans quitter la route des yeux. Anastasia. Il allait falloir qu'il lui parle. Et la nouvelle de la séparation risquait de lui gâcher son week-end… À vrai dire, il ne se sentait pas de lui annoncer ça par téléphone. Et s'il allait plutôt la voir? Anastasia vivait à Barcelone depuis déjà deux ans et il ne lui avait pas rendu une seule visite. Il avait toujours laissé sa femme y aller seule, comme si leur complicité féminine le tenait à l'écart… Il dépassa le gros camion blanc qui ralentis-

sait la file de droite. Puis il déplia son portable.
— Allô Anastasia?... Tu es déjà sortie?.... Tu viens juste d'appeler, c'est papa! Ecoute, puisque tu en parles... Je vais venir passer le week-end avec toi, sans maman. J'ai des choses à te dire, ma chérie. A plus tard!

La circulation était fluide. Il regarda sa montre. A peine neuf heures du soir. S'il roulait toute la nuit, il serait à Barcelone au petit matin. L'idée lui parut agréable. Il avait envie de revoir sa fille, malgré ce qu'il devait lui dire. Il se sentait étrangement libre. Il monta le volume de la radio. C'était une chanson des Rolling Stones, *Angie*. Il avait toujours aimé ce slow-là. Vers la Porte de Bagnolet, la circulation ralentit. Un bouchon à cette heure-ci?... Un accident, peut-être. Une ambulance passa, le gyrophare en alerte. Sa voiture s'immobilisa en bout de file. Patience... Il sortit de la boîte à gants un vieux paquet de cigarettes et en alluma une. Au loin, derrière la ceinture du périph, se dressaient des immeubles des années 70. La plupart des fenêtres étaient encore éclairées. Pour tuer le temps, il guetta le ballet des ombres chinoises devant les carrés clairs. Dans certaines pièces, dansaient les reflets de la télé allumée. Parfois, des silhouettes de femme passaient dans le cadre, tenant une casserole ou fermant un rideau. Et sans trop savoir pourquoi, il se mit à penser à Sonia. Est-ce qu'il avait aperçu sans le savoir une grosse tache d'humidité sur un mur? Un papier peint décrépi ou corné?



Tout d'un coup il se souvenait précisément du petit studio humide et encombré de Sonia, aux murs recouverts de peluches enfantines. Elle gagnait ses peluches à la Foire du Trône, les soirs d'hiver. Elle jouait à ce jeu idiot qui consistait à actionner, en appuyant sur un gros bouton rouge, une pince en métal derrière une vitre, pour en attraper une. Elle était un peu vulgaire, Sonia — quelque chose dans sa manière de parler ou de s'habiller, mais elle avait la peau brune et tiède. C'est drôle le plaisir avec lequel, d'un coup, il se souvenait de sa peau. Mêlé à la chaleur de la couette, à ce décorum de peluches et de taches d'humidité — le trésor de la peau de Sonia.

Il l'avait rencontrée au Who's bar, pendant sa deuxième année d'études à Sciences Po. À l'époque, il ne croyait pas en l'Autre. De toute façon, l'Autre, c'était l'étudiant de son âge qu'il croisait à la machine à café. L'Autre, c'était son père, sa mère, sa sœur, les femmes inaccessibles et torturantes, les profs. Ça ne pouvait pas être elle. Elle, vêtue d'une jupe en velours et d'un body noir décolleté à l'excès, offrant au tout-venant la vue de son sourire, des boucles noires encombrant ses épaules, de ses seins épanouis. L'Autre, ça n'était pas une fille à qui l'on prend la main au bout de dix minutes — juste parce qu'on a trop bu, et que la batterie de toute façon fait un tel boucan, dans le bar presque noir, qu'on ne risque pas d'entendre ce cœur de timide qui s'affole, juste un problème de rythme dans les artères, du nerf et de la peur. L'Autre, ça n'était pas une fille à qui l'on dit, moins de deux jours plus tard :

— Tu veux venir chez moi ?

Et qui répond :

— Viens, toi !

Comme si c'était si simple, comme si la vie c'était ça : faire l'amour avec de jolies filles qui passent, parce qu'elles vous trouvent à leur goût et que l'amour est là, même pas terrifiant, juste à disposition, comme un fruit tombé de son arbre.

Comme il était puceau et qu'il avait peur, avant de passer à l'acte, elle lui avait fait fumer un joint. Elle était détendue. Elle était tendre aussi. Ça avait été tout simplement génial. C'est alors qu'il avait compris combien vivre avait été difficile pour lui, jusqu'à ce jour précis. Il la voyait le soir, après les cours. Il s'émerveillait de pouvoir poser les doigts sur son cou, sous les boucles brunes, et du rire qu'elle avait à ce moment-là. Il s'était d'abord dit : « C'est une fille légère. Elle va me prendre et me jeter, en trois jours ce sera fait. » Mais non — ça n'était pas une fille légère. C'était, il s'en aperçut vite, une sentimentale. Il lui avait plu aussitôt, c'était tout. Il lui avait plu aussitôt et ça durait. Il mit un certain temps à y croire. Il lui plaisait avec ou sans diplôme. Avec ou sans costar. Avec ou sans humour, brio, érudition, boutons. Il lui plaisait brut de décoffrage, comme ça, même en pleine lumière, et à poil. C'était ça, la révolution Sonia.

Elle était serveuse au Mc Do de la Porte des Lilas. C'était la plus jolie des trois serveuses. Chaque fois qu'elle le servait, elle lui mettait deux sauces mayo et trois ketchup. Il s'installait à une table près du mur, avalait son kingfish avec des frites et ouvrait un livre de John Maynard Keynes, en attendant qu'elle ait fini son service. Ses partiels approchaient à grands pas. Mais curieusement, il n'était plus inquiet. Il travaillait moins qu'avant, mais quand il travaillait il avait l'esprit clair, comme un horizon dégagé à perte de vue sur lequel s'imprime la moindre aspérité. Il allait droit à l'essentiel, rédigeait presque d'un seul jet les longues dissertations qui autrefois dévoraient ses week-ends. Avec tout le fatras d'amour qu'elle lui offrait, Sonia avait balayé d'un coup son mal de vivre rampant. La solitude et la peur de l'échec, dégagées ! À son insu, Sonia l'avait rendu brillant. Du coup, cette année-là, Thomas avait remis le travail à sa juste place. Collatérale.

Il ne mettait presque plus les pieds dans sa chambre de bonne, nichée tout au bout de la rue Saint-Guillaume. Il était tout le temps fourré avec Sonia. Au printemps, les brocantes remplaçaient les virées à la Foire du Trône. Ils se promenaient au milieu des habits qui sentaient le grenier, des jouets pour enfants, des poupées de porcelaine aux yeux ébréchés. Sonia achetait souvent des caisses de vidéos que Thomas l'aidait à caler dans le coffre de la Nissan. Ils en regardaient quelques-unes le soir même, affalés sur son grand lit rose, en mangeant une salade piémontaise en boîte. Ensuite, Sonia allait revendre les cassettes boulevard Saint-Michel, chez Gibert ou chez Boulinier. Et avec les marges qu'elle se faisait, elle l'invitait au resto ou au cinéma. Elle était généreuse, Sonia.

Un an après leur rencontre, ils décidèrent de s'installer ensemble. Dans quatre mois, s'achèverait sa dernière année à Sciences Po et Thomas voulait bosser un peu sérieusement, pour une fois. Il demanda une pièce à lui pour réviser. Sonia comprit, Sonia chercha et Sonia trouva. C'était un joli petit trois-pièces, niché du côté de la place des Fêtes. La vue du grand parking qui s'étalait en bas n'était pas réjouissante mais l'appart était chaleureux. Ils résilièrent le bail de leurs studios respectifs et s'installèrent ensemble.

Pour les peluches, il l'avait prévenue d'emblée : elle pourrait en entreposer trois ou quatre dans leur chambre, pas davantage. Interdit d'en faire pendouiller sur les murs ou d'en farcir les étagères. Sonia passa une journée entière à faire le tri dans sa ménagerie. Assise par terre, ses longues jambes étendues entre les sacs poubelle, elle avait l'air pensif. Mais presque toutes les peluches partirent à la poubelle et elle n'y fit jamais allusion par la suite. Niveau peluches donc, il avait gagné la partie. Mais le problème avec Sonia, c'est qu'elle avait le sens de l'initiative. En matière de déco, notamment.

Thomas avait passé l'après-midi du samedi à préparer le buffet de la crémaillère pour ses amis, pendant qu'elle baguenaudait dans une de ses brocantes. Il fréquentait surtout Anne-So, Isabelle et Sylvain. Ces trois-là, si brillants, l'avaient beaucoup impressionné en première année. Avant que sa liaison avec Sonia ne l'émancipe vraiment. Ensuite, à la cafet, il n'avait plus craint de se mêler à eux. Après tout, ils n'étaient que des étudiants alors que lui, avec Sonia, avait déjà un pied dans la vraie vie… Pourtant, avant leur emménagement, il ne leur avait jamais présenté Sonia. Et il redoutait un peu leur réaction, ce soir, quand ils la rencontreraient.

Il entendit la serrure cliqueter alors qu'il finissait le deuxième plateau de tomates cerise et olives fourrées aux anchois.

— Thomas, admire-moi ça !

Le chromo que Sonia tentait à grand-peine de faire entrer dans l'appart représentait deux chevaux lancés au grand galop sur l'horizon rougi par un coucher de soleil. Elle lui souriait, ravie, levant le menton pour l'apercevoir par-dessus cette gouache de cauchemar.



— On va l'accrocher tout de suite dans le salon, pour ce soir !

— Non mais attends Sonia, c'est kitchissime…

Il trancha la dernière tomate cerise et posa la main sur son cou, affectueusement. Elle fronça les sourcils.

— Tu crois vraiment ?
— Mais oui...
Il l'entraîna dans la chambre, sortit d'un carton encore plein le gros livre sur les peintres minimalistes qu'il avait acheté sur les conseils de Sylvain. Simplicité des couleurs, géométrie des formes, refus de cette sensiblerie si ringarde...
— Regarde, voilà ce que j'aime, voilà ce que je voudrais que mes amis voient.
Levant les yeux vers elle, enthousiaste :
— C'est beau, hein ?
— Je ne sais pas.

Finalement, le chromo fut dissimulé dans l'armoire encore vide de la chambre et la fête se déroula sans incident. Les filles — qui ne savaient pas trop quoi dire à Sonia — la décrétèrent sympa, les garçons ajoutèrent qu'elle était jolie. Non, se dit Thomas en se glissant dans ses draps cette nuit-là, ses appréhensions étaient infondées. Tout s'était vraiment bien passé. Curieusement, c'est Sonia elle-même qui déclencha les hostilités, quelques jours plus tard. Lorsque Anne-So téléphonait, elle en faisait toute une histoire.
— C'est qui d'abord, cette fille ? Je suis sûre qu'elle veut coucher avec toi.
Elle était pelotonnée dans son pull-over rouge au bout du canapé, un coussin sur le ventre, les yeux brouillés. Thomas la couvait d'un regard consterné. Pour Sonia, les relations entre hommes et femmes se résumaient à ça. Il pouvait lui parler échanges de cours, entraide entre les étudiants, rien n'y faisait. Si une fille téléphonait à la maison, c'est qu'elle voulait coucher avec Thomas. Point à la ligne. Elle n'en démordait pas. Au début, après ces crises, Thomas lui faisait l'amour tendrement. Il embrassait sa peau,

son sexe, ses cheveux, avec toute la ferveur dont il était capable. Il aurait voulu la rassurer, la détromper, lui faire entrer, par chaque pore de la peau, la certitude qu'elle était la seule, l'unique, la désirée. Mais deux jours plus tard, la même scène se reproduisait. Cette fois, c'était Isabelle qui, lors d'une soirée d'anniversaire dans un bar, avait posé la main sur son épaule avec une trop nette familiarité.

— Quelle salope, cette fille! tempêtait Sonia de retour à l'appart. Elle ne cherche qu'à t'allumer.

— Ne parle pas comme ça d'Isabelle! C'est une amie.

Elle braquait sur lui de grands yeux noirs furieux.

— Ça te plaît, hein? Ça te plaît?

Au bout d'un moment, découragé, il allait se coucher, la laissant sangloter seule sur le canapé.

Un après-midi du mois de mai, Thomas rentra à la maison fou de joie. Le père d'Anne-So, qui travaillait au Monde, lui avait décroché un stage. Il embrassa Sonia qui, un rouleau de peinture dégoulinant à la main, finissait de repeindre en jaune les murs de leur chambre.

— Tu te rends compte, Sonia? Le Monde! Rien de moins! Si avec ça je ne deviens pas journaliste... Je vais sûrement rencontrer Stephen Smith!

Elle laissa retomber son bras, tachant de quelques gouttes jaunes le carton qui recouvrait le sol.

— Qui ça?

— Stephen Smith! Le grand gourou des pages Afrique!

Elle leva vers lui des yeux graves.

— Tu vas me quitter.

— Non, je vais t'emmener au resto chinois.

Pendant tout le repas, il lui parla de sa passion pour le reportage — bien sûr, il n'en avait réalisé que deux pour l'instant, dont un pour le journal de l'école, mais il en gardait un souvenir excellent. Et puis, il allait croiser des gens formidables au cours de ce stage. Sonia picorait dans son riz cantonais sans trop de conviction.

— Après, avec tous ces gens que tu rencontres et tout ça, tu vas me prendre pour une conne.

— Mais non ! Comment tu peux dire ça ? s'écria Thomas en reposant ses baguettes brusquement. Comment tu peux dire une connerie pareille, Sonia ?

Elle haussa les épaules, renfrognée.

— Tu vois ? Tu commences déjà.

Pendant la suite de la soirée, elle se montra d'humeur maussade. Mais quand ils furent au lit, juste avant qu'il éteigne la lumière, elle lui annonça d'un ton plat :

— J'arrête la pilule.

Elle ne le regardait pas. Elle regardait l'unique ours en peluche, aux oreilles pelées, posé sur l'étagère encore vide de la chambre.

— Quoi ?

Il était stupéfait.

— J'arrête la pilule, répéta-t-elle posément. J'ai vingt-sept ans, moi. Je veux un enfant.

Il continuait à la regarder fixement, comme s'il ne l'avait jamais vue.

— Ce n'est pas vrai ! souffla-t-il, furibard. Tu dis ça pour me déstabiliser, pour que je rate mon stage. C'est la seule chose qui t'intéresse, au fond : que je m'englue dans un job idiot, comme toi !

Elle se retourna dans le lit, ne lui laissant voir que son épaule nue.

— Je me fiche de ce que tu dis. Moi j'arrête la pilule. Au moins tu le sauras.

Ça avait été le coup de grâce. Le lendemain soir, il ramassa quelques affaires à la hâte et débarqua chez Anne-So avec son sac de voyage. « Cette rupture, c'est une question de liberté, tu vois», expliqua-t-il sur le champ à Anne-So qui l'invitait à s'asseoir. Et il prit nerveusement le verre de gin qu'elle lui tendait.

Thomas arrêta les essuie-glaces qui balayaient le vide depuis quelques instants. La voiture accidentée avait été dégagée et la circulation reprenait. Il passa la troisième.

«*Cette rupture, c'est une question de liberté, tu vois.*»

Vingt ans plus tard, la phrase résonnait d'une tout autre manière à ses oreilles. La voiture semblait glisser plus qu'elle ne roulait sur la surface luisante du périphérique. À quel avenir radieux, à quelle gloire promise avait-il sacrifié Sonia? Il avait quarante-trois ans et il ne savait plus très bien. Non pas qu'il fût tout à fait sûr d'avoir eu tort — Sonia était impossible, à la fin — mais il n'était pas non plus certain d'avoir manifesté la moindre liberté dans cette histoire. Il repensa au mauvais goût émouvant du chromo. À l'époque, il aurait eu honte que ses amis le voient. Mais plus personne ne parlait du minimalisme, aujourd'hui... Et le chromo de Sonia lui semblait soudain bien plus séduisant que toutes les abstractions de Donald Judd ou de Robert Morris.

Il entendit son ventre gargouiller. Il n'avait rien avalé depuis ce matin et il avait faim. Il regarda les panneaux du périphérique. La Porte des Lilas n'était qu'à deux embranchements... Et s'il allait dîner, juste pour voir, au Mc Do de la Porte des Lilas? La salle n'avait pas changé. À la place de Sonia et de ses collègues, il y avait un adolescent asiatique, une rouquine au teint pâle et une grosse serveuse noire portant des lunettes à montures d'écaille, qui posa ses lourdes mains baguées sur le comptoir, en demandant:

— Et pour Monsieur ? Ça sera ?

Il commanda un kingfish avec des frites.

— Vous prendrez une sauce ?

— Une mayo.

Elle posa sur son plateau un sachet de mayo. Un seul. Il sourit et paya. Puis il alla s'installer près de la vitre, sur une petite table. Le snack était presque vide. Il y avait juste, à part lui, un couple de Maghrébins qui se bécotaient dans un coin, près des ballons gonflables. Il avala son kingfish en silence, en regardant son téléphone portable. Puis il le déplia.

— Allô Anastasia ? Tu ne réponds toujours pas ? Ecoute, je ne serai pas à Barcelone demain. Un petit coup de fatigue, excuse-moi. Et puis, Anne-So t'a déjà sûrement téléphoné à l'heure qu'il est... Elle a dû te parler de notre prochain divorce... Appelle-moi si tu en as envie. Je t'embrasse.

Le bip du répondeur avait comme souvent soulagé Thomas. Pas envie de penser à sa vie conjugale. Il glissa de nouveau son portable dans la poche de sa veste et resta un instant à regarder par la fenêtre, avant de se décider à aller vider son plateau. Il retardait le moment d'effectuer ce geste. Dehors, les passants s'étaient faits plus rares. L'enseigne d'un restaurant chinois clignotait rose, au coin de la rue obscure. Et, sur le trottoir d'en face, deux châtaigniers aux troncs piégés dans des grilles de fer frissonnaient, balayés par un vent de nuit frais.

# L'album

Le taxi s'arrêta rue de L'Oliveraie, sous le soleil de Marseille. Ils dégagèrent du coffre la poussette et les sacs, payèrent le chauffeur et la voiture fila.

— On est où, papa ? demanda la petite en prenant Tigrou dans ses bras.

— Chez mes parents, dit David, et il rajusta ses lunettes sur son nez. Ce sont tes grands-parents aussi, ils s'appellent Hector et Regina.

Ils poussèrent le portail du jardin et entendirent les accords galopants d'une cantate de Bach. Derrière la fenêtre, une vieille dame de dos était installée au piano. Ses cheveux blancs étaient coupés court et une robe de chambre bleue pendouillait sur ses hanches. Sophie prit l'enfant dans ses bras.

— Regarde Alice, c'est ta grand-mère !

Sophie tapa au carreau, Regina se retourna et sa bouche fit un O de surprise. Puis elle sortit du cadre et la porte d'entrée s'ouvrit. David se retrouva vigoureusement enlacé et Sophie, la nuque tiraillée, reçut un baiser sonore sur le crâne. Bien qu'elle vive à Marseille depuis près de trente ans, Regina n'avait rien perdu de sa fougue ni de son accent pied-noir.

— Alice ! Alice, ma chérie ! Tu te souviens de moi ?

La petite restait en retrait, vaguement intimidée.

— Elle ne peut pas, maman ! s'écria David impatient. Elle était encore bébé la dernière fois !

— Ah oui... Elle n'a pas peur au moins ? Alice ma chérie, viens voir ! J'ai fait une crèche pour toi !

Regina attrapa l'enfant par la main et les entraîna dans le couloir. Dans le salon, sur la table basse recouverte d'un crépon turquoise, se dressait une crèche de

Noël avec des bateaux, des poissons, de petits pêcheurs de terre glaise. Regina se baissa pour allumer une guirlande électrique qui faisait le tour de la crèche.
— Regarde comme c'est joli ! Cette année, le thème, c'est la mer !

La petite regardait le sol, serrait son tigre contre elle.
— Papa n'est pas là ? demanda David en repliant la poussette d'un coup de genou adroit.
— Oh, ton père ! Il est à l'hôpital. Il a fait l'andouille toute la journée d'hier avec ses championnats d'échecs et...

La petite s'approcha de la crèche, tendit les mains vers un bateau de guerre.
— Alors Alice, ça te plaît ? s'empressa Regina en guidant la main de l'enfant vers la coque. Regarde, tu peux le faire glisser comme ça !
— Et papa ? insista David subitement plus pâle.
— Tu crois que ça lui plaît ? demanda Regina à Sophie, anxieusement. Les petits bonhommes en glaise, je les ai modelés en pensant à elle !
— Je crois que oui, dit Sophie. Et Hector ?
— Il est à Sainte-Marguerite, on a appelé un taxi ce matin. Une petite migraine de rien. Mais je lui ai dit aussi, à son âge ! S'agiter comme ça pour un petit championnat !

Sur la console, le téléphone sonna. David décrocha. C'était sa sœur, Marilyne.
— Au service des urgences ? articula-t-il d'une voix blanche. D'accord, tenez bon. On vient juste d'arriver à la maison.

La grand-mère et la petite parlementaient, absorbées par leur crèche. Sophie observait son mari.
— Papa a des pertes d'équilibre et des troubles de la vue, dit-il après avoir raccroché. Mais il tient debout, il parle. Les toubibs soupçonnent un accident cérébral. Ils vont faire des examens pour savoir.

Marilyne et Roger étaient déjà sur place. David et Sophie décidèrent qu'ils déjeuneraient vite fait et qu'ils iraient ensuite à l'hôpital.

Un peu plus tard, pendant que David mettait les pâtes à cuire, Sophie monta les bagages à l'étage. Regina était allée se reposer, laissant entrouverte la porte de sa chambre. Sophie la vit se redresser sur son lit.

— Sophie! Sophie! Vous avez pensé à mes photos chéries?

Cette manie qu'elle avait de l'interpeller. Sophie fit la sourde oreille et continua tranquillement son trajet. Regina leur avait réservé l'ancienne chambre de David et Marilyne. Sophie pendit les vestes aux cintres et posa les sacs au pied du lit. Puis elle revint voir sa belle-mère.

— On a encore oublié vos photos, soupira-t-elle.

— Non mais ne rigole pas, je les regarde tous les matins, moi, mes albums! Je me lève à six heures, j'en feuillette un ou deux, et ensuite, hop! Ça va. Je vais faire mon piano tranquille.

Sophie s'assit sur le lit. C'était une jolie chambre que celle de Regina, toute bleue et lumineuse avec, accroché au mur du fond, un grand plateau de cuivre aux motifs orientaux qui rappelait l'Algérie. Regina se leva, sortit l'un des nombreux albums serrés sur l'étagère.

— Regarde! Ça, c'est celui de la petite! Et là, tu vois, je n'en ai plus! J'arrête pas d'écrire à David pour qu'il m'en envoie, mais il s'en fiche!

— On dirait que vous préférez regarder les photos plutôt que de nous voir, sourit Sophie.

Regina reposa l'album, en attrapa un autre et le donna à Sophie.

— Celui-là, c'est votre album à tous les trois. Il est plus fourni, il est mieux!

Sophie ouvrit l'album sur ses genoux et le feuilleta. Il y avait des écarts de chronologie — des photos de ses dix-huit ans voisinaient avec celles, plus récentes, de la naissance d'Alice ou de leur voyage au Portugal — mais ça lui faisait bizarrement plaisir de les voir. Comme si, dans cette maison où ils ne venaient que rarement, Regina, de loin, suivait le cours de leurs vies, leur ménageait une place.

On avait installé Hector au service de neurochirurgie, en attendant le scanner. Quand ils arrivèrent, il dormait assis sur le lit, un coussin dans le dos. Marilyne et Roger empilaient des serviettes de toilette au pied du lit.

— Ce qu'elle a grandi, depuis la dernière fois ! s'écria Marilyne en soulevant Alice.

Marilyne avait de petits yeux, les traits tirés. David prit le chapeau accroché au portemanteau de la chambre, l'ajusta sur les cheveux bouclés de sa sœur.

— Allez vous reposer, dit-il. On se téléphone ce soir.

Regina s'installa dans l'unique fauteuil de la chambre et ils attendirent en silence. Hector ouvrit les yeux. Long visage aquilin strié de rides, inchangé. Quand David se pencha vers lui pour l'embrasser, il s'écria :

— Je vais bien !

Mais dans son regard, pétillait une lueur inquiète. David oublia de lui tendre le sac avec son pyjama et sa brosse à dents, qu'il avait rapporté de L'Oliveraie. Il restait planté là, ému, le sac serré sous le bras comme un ballon de foot improvisé.

— Alors ? s'écria soudain Sophie enjouée. C'est pour fêter notre arrivée ?

— Je suis désolé, Sophie, dit Hector galamment.

— Vous voulez voir votre petite-fille, quand même ?

— Et comment !

Puis, apercevant le minois d'Alice qui s'insinuait entre les jambes de sa maman :

— Dis donc, j'ai mes informations. Il paraît que tu as un petit chat, maintenant ?

Sophie hissa sa fille sur le lit et la petite d'un coup ouvrit la bouche :

— Barnabé.

Hector fronça le nez :

— Pardon ?

— Il s'appelle Barnabé, mon chat.

La machine à causette était lancée. Toujours installée dans le fauteuil, Regina massait ses jambes un peu gonflées par le trajet. Elle avait enfilé pour sortir une robe à fleurs en nylon informe, en provenance directe des années 70. Son chapeau de paille à large bord butait un peu contre l'appuie-tête en cuir blanc. Elle le rajusta sur son front et se tourna vers le voisin de chambre d'Hector, un type aux yeux vitreux, au crâne entièrement recouvert de bandelettes, figé depuis leur arrivée dans une immobilité suspecte.

— Excusez-nous monsieur, nous sommes de la famille d'Hector. Ça ne vous moleste pas trop, ce brouhaha ?

— Je vous en prie madame ! répondit la momie. C'est tout à fait plaisant !

Et ils échangèrent deux ou trois amabilités sur le même ton. Au bout d'un quart d'heure pourtant, Regina s'impatienta.

— Ecoute Hector, c'est pas très drôle pour la petite, cet endroit ! Nous, on y va.

— Oublie la petite, maman ! intervint David qui tassait l'oreiller de son père. Elle va très bien comme ça.

— Passe-moi une clope, alors ! Je vais faire un petit tour en bas.

David fouilla dans la poche de sa veste, en sortit une cigarette. La moutarde lui montait au nez. Il commençait à se demander si Regina ne perdait pas la boule ou quelque chose comme ça.

De tout le trajet de retour en taxi, il ne desserra pas les dents. C'est vrai que ses parents ne s'étaient jamais montrés très tendres l'un envers l'autre. Mais tout de même : quarante ans de vie commune, deux enfants. Elle avait dû adresser à Hector trois mots en tout et pour tout, à l'hôpital.

Dans l'après-midi, pendant qu'Alice jouait au bateau-pirate avec sa mère, David monta bouquiner dans sa chambre. Il y resta une partie de l'après-midi. Sur la table qui faisait face au lit, il y avait des Playmobil, de vieilles poupées de Marilyne, des voitures de quand il était petit. Il avait l'impression d'être transporté dans un temps reconstitué, très loin d'ici, en Algérie. Il se sentit perdu dans cette chambre-musée. Comme si les contours de son propre corps s'effilochaient.

Le téléphone sonna juste au moment où ils passaient à table. David se précipita. C'était Marilyne. Il resta un moment au bout du fil puis il revint s'asseoir entre sa femme et sa fille. Regina lui servit une assiette de couscous avec des morceaux de viande. Il remit son bavoir à Alice, rajusta ses lunettes légèrement.

— Les médecins viennent de faire le scanner et ils ont vu un hématome. Papa a eu une petite hémorragie cérébrale.

— Il pourra remarcher ? demanda Sophie.

— On espère. Mais il est fatigué. Il va falloir le ménager.

— Ah ! tonna Regina. Je vous avais bien dit que ça n'était rien !

David regarda sa mère par en dessous, fumasse.

— Je propose qu'on aille à Sainte-Marguerite demain

matin. Comme ça, on l'aura vu au moins deux fois avant notre départ.
— Le matin je ne peux pas, se plaignit Regina. J'ai mes partitions de Bach à revoir !

Un silence gêné plana sur la tablée. Heureusement, Alice renversa son assiette de couscous et tout le monde se précipita pour éponger les restes de chorba. Il y en avait sur Tigrou aussi. Alice pleura.
— Au fait, demanda Regina quand l'incident fut réparé et le tigre soigneusement essoré, vous n'avez pas de problème d'argent, au moins ?
— Non, figure-toi qu'après tout ce chômage, j'ai retrouvé un emploi. J'ai été embauché dans un magasin de téléphones portables, qui...

Regina se resservit une louchée de pois chiches et posa la main sur le bras de Sophie :
— Si tu savais comme il était mignon, petit ! C'est une sage-femme chinoise qui me l'a mis au monde. Elle l'a pendu par les pieds, elle l'a secoué un peu, elle m'a dit : il n'aura pas de problème de santé ! Et tu vois ?

Sophie rit :
— C'est vrai qu'il n'en a pas !

Après deux assiettes de couscous bien garnies, les yeux de Regina papillotèrent. Sophie monta coucher Alice et elle lui emboîta le pas. Quand Sophie redescendit, elle vit David dans la cuisine, la tête dans les mains. Une cigarette se consumait au bout de ses doigts mais il ne fumait pas. Ses mâchoires étaient serrées et ça lui faisait une drôle de figure, plus carrée. D'un coup, elles s'ouvrirent.
— C'est une égoïste, ma mère ! Elle se contrefiche de nous ! Regarde comme elle s'est comportée avec papa...

Sophie posa les assiettes sales dans l'évier et revint s'asseoir près de lui.

— C'est sûr qu'elle est spéciale...
— Je me sens en pays étranger, c'est horrible.
— Peut-être qu'elle aussi, hasarda Sophie.
— Excuse-moi, soupira David. Je t'emmerde avec mes histoires. On ira voir papa demain matin, et ensuite, c'est Paris direct.

Il posa le cendrier sur le rebord de la fenêtre et se tourna vers le jardin. Dans la nuit, on voyait frissonner le mimosa qui ployait sous les fleurs.

Au petit matin, assise en tailleur sur le lit, Sophie regarda David empiler méthodiquement leurs affaires dans les sacs. Au bout d'un moment, elle enfila son pull et se leva.
— Bon, c'est confirmé alors ? Je vais prévenir Regina qu'on s'en va.
— Je peux le faire, tu sais.

Sophie attacha ses cheveux avec un élastique, ouvrit la porte de la chambre et se ravisa :
— Je lui dis qu'on revient bientôt ?
— Mmmmh... grommela David.
— Tu dis ?

Il haussa les épaules.
— Fais comme tu veux !

Sophie traversa le couloir et toqua délicatement à la porte de Regina. Pas de réponse. Elle frappa un peu plus fort. Curieux. Elle aurait juré que sa belle-mère était déjà levée. Elle entrebâilla la porte. Regina somnolait, assise sur le lit, un grand carnet de partitions sur les genoux. Voyant Sophie, elle ferma brusquement son livret et lui sourit.
— C'est mes partitions de Bach ! Je suis dingue avec mon piano, excuse-moi.
— Je vois, dit Sophie. Regina, je suis venue vous dire que nous, on y va. On fait une petite halte à Sainte-Marguerite ce matin, et...

— Ah ! Vous partez maintenant ?
— Voilà. Il y a un train toutes les deux heures pour Paris, et…
— Je vais mettre mes chaussures, alors. Je vais descendre vous dire au revoir.

Regina se leva laborieusement, tourna le dos à Sophie pour fouiller dans le placard.

Sophie la regarda trier ses chaussures pendant un petit moment puis elle se demanda ce qu'elle attendait au juste et alla réveiller Alice.

Ils déjeunèrent sans appétit. David avait pris une bande dessinée et lisait en grignotant sa tartine. Regina servit du café et elle raconta à Sophie la fois où David avait guéri d'une jaunisse, à deux ans, en mangeant des bananes qu'elle lui écrasait à la fourchette, méticuleusement.
— Tu lui as déjà raconté dix fois, maman, intervint David au bout d'un moment.
Puis il remit le nez dans sa bande dessinée et on ne l'entendit plus.

Mais ensuite, lorsqu'ils eurent appelé le taxi et mis tous les sacs dans le coffre, Alice s'aperçut qu'elle n'avait plus Tigrou.
— Je vais le chercher ! s'écria Regina.
— Laisse tomber, fit David.

Il hissa sa fille sur le siège arrière, à côté de Sophie, et courut à la maison. Il n'y avait rien dans le salon. Rien dans la cuisine. Il grimpa les escaliers quatre à quatre. Rien dans leur chambre non plus. Par acquis de conscience, il alla jeter un coup d'œil dans la chambre de Regina. Le courant d'air provoqué par la porte ouvrit grand le carnet de partitions sur le lit et découvrit, glissée entre deux pages, une photo d'Hector et de Regina, tendrement enlacés, pendant leur voyage de noces à Oran. Une photo en noir et blanc des années cinquante qu'il avait vue petit, et oubliée depuis. Il s'assit un petit moment sur le lit et la regarda. La mer étincelante battait les rochers sur lesquels ils étaient grimpés. Hector, la main posée sur la taille de Regina, regardait l'objectif d'un air fier. Regina le regardait lui. Elle portait des nattes brunes relevées en couronne sur le front, et son visage jeune rayonnait. En redescendant l'escalier, David buta presque sur Tigrou qui lui était sorti de l'esprit. Regina attendait devant la voiture, pelotonnée dans sa robe de chambre.

— Alors ? Tu l'as retrouvée ? s'écria-t-elle en se frottant frileusement les bras.

— Oui, j'ai retrouvé…

— Je parlais de la peluche, dit Regina très vite.

David embrassa sa mère sur la joue, resserra sur son cou les pans minces de la robe de chambre.

— Rentre vite, maman. Tu vas attraper froid.

Sa voix était si sourde qu'il n'osa rien ajouter. Il s'assit à l'avant tandis que la vieille dame disparaissait derrière le portail et la voiture démarra. Il espéra que le chauffeur connaissait le trajet. Il aurait été incapable de rien lui indiquer.

# Le stylet

Je suis descendu à la station Pont-Neuf. En bas de l'immeuble j'ai fait le code, sans avoir besoin d'y penser. J'ai monté les escaliers à l'odeur de cire, tourné la clef dans la serrure — il faut toujours forcer un peu du côté gauche, pour que ça cède. Je suis entré. C'est rangé, désormais. Marie classe et brique tout avec une rigueur maniaque. Elle a repris possession des lieux. Aux fenêtres les rideaux sont blancs et propres, le parquet ciré, le couvre-lit jaune tiré, les coussins artistement disposés dessus. La commode chinoise à sa place, dans la chambre à coucher. Je me suis assis sur le grand canapé où l'on prenait l'apéritif — chips, Coca, whisky ? — j'ai retrouvé sous mes fesses le confort du cuir rembourré. Quand tu étais là, le cendrier en étain était rempli de mégots à cette heure-ci. J'actionne la télécommande. L'écran s'allume. Je suis chez nous. En vie.

J'ai décidé de rester quelques jours. Ce matin, je suis allé au musée d'Orsay voir une expo sur le daguerréotype français. Il faisait beau, un ciel bleu piquant de fraîcheur, après la canicule de ces derniers jours. J'avais les jambes légères, envie de marcher. Sur les quais de Seine, les gens s'allongeaient sur des serviettes de bain pour bronzer. Il y avait des drapeaux bleus claquant au vent du côté du Pont Neuf, des parasols rayés. On se serait cru dans un film de Tati. Toi qui voulais toujours que je t'accompagne au musée... Eh bien pour la première fois, Orsay, j'y suis allé seul. La ville s'ouvrait à moi comme un portefeuille trouvé au coin de la rue, qui se révèle rempli à craquer. Peut-être que je t'imaginais à mes côtés. En rentrant à l'appart, d'un seul coup, je me suis mis à pleurer.

Quand Marie était partie, tu t'installais à la table du salon avec un paquet de chips et la radio allumée. Tu attachais tes cheveux en chignon et puis tu dessinais. Les feuilles de Canson peu à peu envahissaient tout. Là une rature, un paysan derrière sa fourche, là son sourcil froncé. Là une forme ondulée qui me faisait penser au champ d'orge devant la grange des parents où l'on restait des heures à jouer. Tes dessins préférés, tu les gravais ensuite sur du verre, au stylet. Et la radio grésillait ses émissions de variétés, pendant que je bouquinais.

Au dîner, c'était salade de thon en boîte ou, les jours de fête, pizza à commander. Les cartons de pizza traînant dans la cuisine rendaient Marie nerveuse. Elle jetait tout dans de grands sacs poubelle puis demandait une part de margherita, une bière pour décompresser. On la mettait en boîte, des fois elle souriait. Mais on ne faisait aucun effort, même quand tes copains passaient. À l'époque — au tout début de notre vie à Paris — c'était toujours *ton* école de dessin, *tes* copains, *tes* projets. Tu venais d'avoir dix-neuf ans et j'en avais dix-sept. Je jouais au petit frère suiviste, encombrant, bien aimé. Mais au fond, tes potes me convenaient bien. Surtout Joséphine et Odette, avec un petit coup dans le nez. On sortait les bouteilles, la musique, on s'agitait. On découvrait la vie de groupe, la « bande », nous qui n'avions jamais joué que tous les deux. Matthieu nous apprenait la recette de la vodka limon. On n'avait plus du tout envie d'aller se coucher.

La première fois qu'on est venu ici, on avait fait deux jours de voyage depuis le village. Deux nuits qu'on ne dormait pas. On avait pris trois bus, un train, somnolé sur la banquette d'un café. On portait des vestes de jogging et des tennis, comme pour les courses d'endurance au lycée. On est allé directement sonner chez notre tante Marie. C'était la seule personne qu'on connaissait à Paris. Elle nous a fait asseoir dans le canapé, nous a apporté deux verres d'eau, elle a dit :

— Bérénice, votre père m'a téléphoné.

— Notre père, tu as dit, on ne veut plus en entendre parler. Ni le père ni la mère ni l'exploitation ni rien. Laisse tomber.

Elle s'est assise en face de nous et nous a regardés d'un air bizarre. Elle devait avoir du mal à nous reconnaître vu qu'on avait grandi, mais elle savait que ce n'était pas le moment de s'attendrir sur le passage du temps ou des fadaises de ce genre.

— Manquerait plus que ça ! elle s'est récriée. Demain, vous rentrez au village, et fissa !

— Ça non, t'as dit tout doucement. On ne retournera pas. Ni à la maison ni au lycée agricole, tu peux compter sur moi.

Marie a braqué sur moi ses yeux gris furieux, parce que c'était toujours plus facile de s'en prendre à moi, dans ces cas-là.

— Et toi, Gaspard ? Et toi ? Tu suis l'aînée ?

— Gaspard reste avec moi, t'as dit sans sourciller.

T'avais l'air concentré d'un boxeur solidement entraîné. Je connaissais bien cet air-là. J'avais grandi dessous comme à l'abri d'une muraille. Il m'avait protégé de tout : des parents, du village, d'un destin déjà tout tracé. Marie a détourné les yeux et elle a ramassé les verres, très vite. L'heure était grave. L'exploitation des parents était la plus grosse à cin-

quante kilomètres, avec des veaux et des poulets. Or c'était nous, les héritiers. Elle a couru rincer les verres dans l'évier.
— Et l'exploitation ? elle a crié à travers les murs de la cuisine. Qui va la reprendre alors ? Qui ?
On n'a rien répondu. Et elle s'est enfuie, elle a été retrouver son petit ami. On s'attendait à livrer bataille et il n'y avait personne, pas le moindre ennemi. Juste la peur, et le bruit des voitures qui entrait dans l'appart. On a mangé ce qu'on a trouvé, on s'est lavé, ça allait nettement mieux après. On regardait les rues par la fenêtre, c'était notre première nuit à Paris. On avait envie de sortir se promener et on n'osait pas. Peur de trouver porte close en rentrant et où dormir, après. Mais le lendemain midi, quand on s'est réveillé, il y avait une enveloppe sur la table avec un jeu de clefs. Tu as bâillé, tu m'as lu le petit mot que Marie avait griffonné : « *Vous pouvez rester là en attendant. De toute façon, je passe presque toutes mes nuits chez Rémi.* »

Cet après-midi, j'ai repris mes lectures en apnée. Plus d'un an que je n'avais pas lu avec cette boulimie. Kadiiski, Vazov, Nikolaï Kantchev… mes chers poètes bulgares. J'ai allumé la radio, celle que tu mettais pour dessiner. J'ai lu jusqu'à en être lessivé. Légèrement sonné. Une journée filée dans la ouate des rêves évidés, comme un film sous le film. Des voiles de réalité qui s'entrecroisent et se superposent, légers.



J'ai été chercher une boîte de salade de thon. Puis j'ai ouvert la fenêtre et commencé à grignoter. Là, tout s'est un peu troublé. Non pas que je ne voyais plus clair. C'est plutôt que ta présence devenait si nette, si palpable, que le présent en était comme gommé. Comme si rien n'était arrivé. Tu n'avais pas pris la route sur un coup de tête, cette fameuse nuit, nous laissant complètement désorientés. Je peux même imaginer qu'à deux heures du matin, sur le périphérique, aucun accident n'était jamais arrivé.

J'ai fait couler un bain. Avec du bain moussant. Beaucoup de bain moussant. Tu adores le bain moussant, te dissoudre, le soir, sous des nuées de bain moussant. Marie a beau crier :

— À table ! Mais enfin Bérénice, tu dors ou quoi ?

Tu restes obstinément dans le bleu turquoise de l'Obao, ses bulles scintillantes, repue de volupté. Tes cheveux noirs ondulent à la surface de l'eau comme des serpents de mer. Et le repas refroidit avant que tu ne sois rincée.

Je suis en peignoir de bain devant la fenêtre. Enveloppé dans ton douillet peignoir en coton rose qui m'arrive à mi-bras. Dans l'échancrure, les poils de ma poitrine font de petites boucles. Je dois avoir l'air d'un pédé. Dehors, brillent les néons de la Samaritaine. Deux types s'éreintent à fixer sur les hauteurs du mur une grande affiche promotionnelle pour la rentrée.

J'ai ouvert l'œil de bonne heure, aux aguets. Et soudain, l'affolement des petits matins me revient.

— Gaspard, aide-moi ! Prépare-moi le petit dej !

Tu avais déjà raté ton premier RER, mais ça ne t'empêchait pas de me secouer comme un prunier pour que je sorte de mes draps, de courir après ton sac, ton téléphone, ton calepin. Comme si la vie te filait entre les doigts.

— C'est dingue, je suis sûre qu'hier, je les avais laissés là !



Je faisais du café pour deux en râlant et, souvent, je retrouvais le sac, le téléphone, le calepin. J'avais l'impression de devenir l'aîné. Tu dégringolais les

escaliers, avec ton grand carton à dessin. Stressée par l'heure qui filait, par la foule des piétons qui ruisselait dans la rue du Roule. Tu me prenais par la main.
— Tu m'accompagnes à l'école de dessin ?
— Désolé, pas ce matin ! J'ai un cours de bulgare que je ne veux pas louper.
— Tes cours, tes bouquins, tes rimailleurs bulgares ! Quand je pense que c'était toi, avant, qui me collais aux basques…

Tu me lâchais la main et tu me faisais signe depuis l'escalator des Halles mais je faisais exprès de me retourner.

J'ai bien travaillé ce matin. Installé face au vieux PC, dans la chaise rembourrée de coussins dorés. J'ai retrouvé le Polaroid que j'utilisais quand on habitait là. À l'époque, je photographiais tout, en gros plan : des serrures, des lampes en papier, des prises électriques, des oranges. Privés de leurs attaches, les objets, selon toi, ressemblaient à des ovnis. Après, je te les montrais, fallait que tu devines.
— À ton avis, c'est quoi ?
— Une mandarine. Une ampoule allumée. La grille du radiateur. Le bouchon de l'évier.

Le ciel a viré au bleu clair d'une après-midi de soleil. Trois heures de l'après-midi et je n'ai pas mangé. Je vais aller me balader. Du côté de Beaubourg ou, pourquoi pas, sur la place du Palais-Royal ?

En revenant, j'ai été boire une bière au Bistrot d'Eustache, juste en face du jardin des Halles. Il y avait une fille en débardeur jaune qui sirotait une boisson à la grenadine avec une paille. Le serveur accoudé à la porte qui, d'un pied, battait la mesure sur une musique de Manu Chao. Et la vieille dame qui vient souvent ici, boire des thés à la bergamote.

Elle porte un pull en angora, avec une broche en améthyste sur le sein droit. Madame Mauve, tu l'appelais. À cause de son Regécolor un peu suspect. Je crois bien que tu l'avais dessinée. J'avais pris sous le bras un de tes bouquins illustrés sur la gravure au stylet. Mais le bouquin est resté fermé. Pas la peine de l'ouvrir, t'étais de nouveau là. Installée à ta place habituelle, sur cette ancienne banquette de métro rouge foncé. Ton carnet à spirales ouvert sur la table. À croquer au fusain les clients du bistrot, fumer des cigarettes, enrouler tes cheveux autour de ton index. La dernière fois qu'on s'était retrouvé ici, j'avais regardé tes croquis.
— C'est plus fouillé qu'avant. C'est pas mal.
— C'est pour Angoulême, t'avais dit. Faut que je sois prête dans quinze jours.

Tu mâchonnais le bout de ton crayon à papier, tu avais l'air fatigué. Tu dormais de moins en moins, tu chiffonnais de plus en plus tes croquis. Ta vie à Paris semblait se déliter. Comme si ta force était restée là-bas, avec ta colère contre les parents, le lycée agricole, le village. Tu m'as regardé d'un air bizarre.
— Pourquoi t'es là ?
— Tout à l'heure, pendant que tu étais à l'école, Marie est passée à l'appart. Les parents ont appelé. Ils ont trouvé un repreneur pour l'exploitation, ça y est.
— Ah oui ? elle t'a dit ça ?
— On est enfin débarrassé.
— Super. Alors maintenant, on est comme ces trucs que tu prends en photo… Ces ovnis…
— Bérénice, c'est grâce à toi qu'on a pu tout quitter. Et c'est la meilleure chose qu'on ait faite. Si tu n'avais pas été là…

Sur tes joues lisses, j'ai vu les taches de rousseur se colorer.

— À quoi ça m'a servi ? Maintenant, tu t'éloignes...
— Tu dis n'importe quoi, j'ai répliqué. C'est Angoulême qui te perturbe.

J'ai posé la main sur ton bras, patiemment. Tu as ri d'un seul coup, d'un rire un peu forcé :
— Tu m'avais dit qu'on ferait tout ensemble. Est-ce que tu t'en souviens ? Avant d'être à Paris. Tu me suivais partout. C'est ce que tu voulais.

T'étais toute pâle, tu frottais le bout rose de ta gomme contre ton jean usé. Ce que tu m'énervais.
— Mais pourquoi tu refuses de grandir ? j'ai crié.

Tu ne répondais pas. Tu regardais les joueurs de pétanque dans le jardin des Halles, l'air sévère, au-delà du café.

Les ouvriers qui travaillaient toute l'après-midi avec leur perceuse, sur la façade de l'immeuble d'en face, sont partis. Juste une mobylette qui passe, le bruit est assourdi. J'ai fermé les fenêtres et le salon s'emplit de l'ombre du soir. Le bureau blanc devient bleuté, avec la forme des crayons en désordre dans la forme des pots à crayon. Je n'ai pas allumé, il y a juste l'écran de l'ordinateur qui diffuse sa lueur. Je fais semblant de travailler. Matthieu m'a demandé une chronique sur les poètes de l'Est. Il connaît une revue où la faire publier. Ça ne t'en bouche pas un coin ? Et aussi, autant te le dire tout de suite, je m'installe avec Odette. Je sais bien que rien ne t'échappait. Pendant cette soirée pizza, la nuit de l'accident... Odette et moi, on se prenait la main sous la table, on rigolait. On en avait assez de se cacher. T'avais eu ce mouvement d'humeur absurde, de laisser tomber ton verre de vodka limon et de te barrer en voiture.



Ce matin, j'ai regardé dans l'étagère la gravure au stylet que tu avais faite petite, sur une plaque de verre carrée. Sûrement une de tes premières. C'est un bonhomme avec deux grosses têtes coiffées de casquettes et une seule paire de pieds. Un petit bonhomme bicéphale. Il a longtemps traîné dans notre chambre d'enfant, mais je ne l'avais jamais vraiment regardé avant. J'ai enveloppé la gravure dans du cellophane et je l'ai mise dans mon sac. Je l'offrirai à Odette, en souvenir de votre amitié. J'ai laissé mes clefs sur la table et je suis sorti la retrouver.

# Le plancher

Debout devant son miroir en pied, elle s'est coiffée, s'est mis du rouge sur la bouche. Elle a choisi son manteau neuf dans la penderie. Elle s'est dit : Il faut que j'arrête, de faire trop attention aux choses, comme si elles étaient en vie. Elle est sortie de chez elle en boutonnant son manteau sans oser le regarder, en s'interdisant de vérifier si les manches de son pull dépassaient symétriquement sur ses poignets, si ses bottines étaient correctement lustrées. Enfin, elle est dehors. Elle descend le boulevard de Belleville sans s'arrêter, sans jeter un coup d'œil aux étals du marché. Elle se sent solennelle, drôlement. Rue du Faubourg-du-Temple, le magasin de planchers sent la cire d'abeille et le détergent. C'est une grande pièce cubique tout en baies vitrées. Les gants pliés dans une main, l'air détaché, elle contemple les échantillons de bois suspendus aux murs comme des œuvres d'art. L'instant d'après, pourtant, elle se sent chanceler. L'œil perdu, elle hésite entre les rayonnages. Elle caresse les échantillons du bout des doigts, elle louvoie, elle revient sur ses pas. Elle voudrait… Elle voudrait que ça donne une ambiance, mais pas trop. Un ton chaleureux mais sans être voyant. Finalement, elle se décide pour un plancher massif. Du chêne blond légèrement fumé, 15 mm, à coller. Elle fait toujours ce type de choix. Idem pour la couette et le canapé. Elle n'opte jamais pour des harmonies trop franches, des motifs trop figuratifs. Elle se méfie du pouvoir de suggestion des choses, de leur propension à vous coloniser.

Le jour de la livraison, elle jette ses clefs dans la boîte aux lettres et s'en va travailler. Elle est employée à la bibliothèque municipale et s'y ennuie souvent. Mais ce matin, la salle de lecture avant l'heure d'affluence lui semble soudain paisible et rassurante. Elle ouvre le registre des cotations, commence à le remettre à jour pendant que les lecteurs s'instillent au goutte à goutte dans l'atmosphère feutrée. Les pages du registre défilent, le temps passe, elle oublie. Puis son portable vrombit. En moins d'une seconde elle a quitté son siège, s'est engouffrée dans l'allée des W.

— Comment, vous ne pouvez pas le poser aujourd'hui ?

Le front baissé vers une rangée de livres, elle baisse la voix, se met à chuchoter.

— Il y a un problème avec la chambre ? Vous… vous pouvez me parler franchement, vous savez. Elle est trop compliquée ?

— Il faut que le bois se réchauffe jusqu'à demain matin, Madame. On ne peut pas poser un bois non-réchauffé.

— C'est vraiment impossible ?

Le soupir discret du type, à l'autre bout du fil.

— Ecoutez, c'est vous qui voyez. Mais un plancher froid risque tout de même de mal se comporter.

En glissant son portable dans la poche de sa veste, elle embrasse la salle du regard. Les clients de la bibliothèque se prélassent, affalés sur des poufs colorés. Elle a envie de les sortir de leur torpeur, d'aller les secouer : Dites, est-ce que vous le savez ? Vous savez comment ça se comporte, vous, un plancher mal réchauffé ? Puis elle cède au soupir pesant de l'étudiant qui attend son retour de prêt, et elle regagne son siège vite fait bien fait.

Elle a prévu d'être seule ce soir-là. Ne rien faire de particulier. Elle allume la radio en préparant le repas. Mais vers huit heures, la sonnerie vrille dans l'entrée. C'est le voisin du deuxième, le beau gars. Il porte une chemise neuve au tissu empesé et un bouquet de pivoines écarlate dans les bras. Elle accomplit les gestes qu'une bonne voisine doit effectuer, c'est une mécanique bien huilée. Elle l'invite à entrer, elle dispose les pivoines dans un vase et pose le vase bien en évidence sur la table. Puis elle vient s'asseoir dans un fauteuil face à lui et propose un apéritif. C'est la deuxième fois qu'il vient, en quinze jours. Il a six ans de moins qu'elle, des cheveux très courts, des yeux verts. La première fois, il l'avait aidée à réparer le tuyau de la douche qui fuyait. Cette fois, il est venu sans motif. Ils se regardent en faisant tourner les glaçons dans leurs verres de Martini dry. De temps en temps, ils commentent les infos égrenées par le transistor qui fonctionne en sourdine, sur le chauffage électrique. Puis les infos sont terminées, et la nuit est tombée. Son cœur cogne plus fort. Elle ne sait pas trop quoi lui dire. Il est un peu réservé, presque timide. Ce sont les pires. Si elle ne bouge pas, il va lui poser la main sur la jambe, c'est certain. Elle se lève brusquement, le raccompagne jusqu'à l'entrée. Ils bavardent un moment dans la pénombre du palier. Au moment de le quitter, sans prévenir, elle lui dit :

— Mon mari était musicien.

C'est la première fois qu'elle lui parle de son mari. Il ne relève pas, il regarde ses pieds, il demande :

— Tu veux que je revienne ?

La pénombre les protège, enveloppe leurs paroles, elle répond

— Oui, je veux bien. Reviens dans deux jours, le matin.

Une fois la porte refermée, elle est un peu troublée. Elle va prendre un bain. Ce soir, elle dormira dans le salon, à cause du chantier. Mais pas avant d'avoir vu la chambre.

Elle est lavée, cintrée dans son grand peignoir rose, elle ouvre la porte tout doucement. Et tout de suite l'odeur de colle, de carton et de bois lui monte au nez. Les ouvriers ont décollé la moquette à moitié. Sous la partie arrachée s'étale une fine mousse beige, rayée de fils plus clairs. Le sol en béton transparaît au centre de cratères minuscules, lunaires. Elle fixe l'infiniment petit, le vertigineux, le grand. Des peluches. Des squames. Etranges cercles calcaires qui s'en vont. Des fils de moquette subsistent par endroits, comme de longs cheveux crépus oubliés. Elle s'assied par terre, son peignoir glisse sur ses jambes, et elle regarde tout très attentivement. Quand ils l'auront complètement arrachée, la moquette, il ne restera plus rien. Sa chambre conjugale aura disparu à jamais. Alors elle enregistre, presque cartographie. Les taches d'humidité flasques, d'un beige plus sombre, comme de petits étangs. Le sol à vif, chair dénudée. Le bas des plinthes bleu, de l'ancienne couleur, retrouvé. Les lames de plancher rosâtres alignées contre le mur, qui attendent. Et dans l'autre partie de la pièce, la moquette grise encore collée. La moquette qui a absorbé le choc, le jour où.

Elle avait lâché le téléphone, s'était réfugiée dans la chambre en criant : « Mais non il n'est pas mort ! Pas mort ! Pas mort du tout ! » Les cris n'avaient rien ébranlé. Ni les murs ni la réalité. La moquette les avait assourdis. Elle les avait retenus patiemment dans ses mailles, dans ses laines serrées. Mais tous ces cauchemars faits ensuite, comme si ça suintait du sol, l'absence de son mari.

La moquette est plus noire qu'il y a trois ans. Sûrement ces cris captifs, qu'elle retenait et qui la pourrissaient. Tout arracher. Retrouver l'os. Le béton du sol. Quel projet monstrueux, merveilleux. Est-ce qu'on peut se mettre un cœur neuf, une peau neuve ? Elle laisse la réponse en suspens.

Le soir suivant, elle a un frisson d'appréhension en arrivant chez elle. Elle jette son sac dans le fauteuil et tout de suite va voir. Les ouvriers ont tenu parole, ils l'ont fait. Le plancher est posé. D'une épaisseur… Elle effleure la barre de seuil, si large, qui plonge vers le couloir comme vers une vallée. Ce plancher est plus épais que tous les autres sols de l'appartement. Une carapace neuve et claire, tellement plus dure que celle d'avant. Pour l'instant, ça semble encore un peu artificiel, cette greffe. Elle a du mal à se faire à la physionomie nouvelle de la chambre, toute en tons clairs, suédois. Elle voit encore, en surimpression, la moquette gris sombre. On a beau être prévenu, le cerveau garde un wagon de retard. L'œil précède.
Toute la soirée, elle balaye. La poussière de bois, les résidus de colle, les copeaux. Elle teste le bruit mat de ses pieds nus sur le plancher. Ce bruit n'évoque rien. Pas encore. Elle va se coucher, prudemment. Elle attend. Elle se demande confusément comment vont réagir les planches et le béton, dessous. Est-ce que la greffe va prendre ? Est-ce que cette nouvelle peau va adhérer, coller aux os de la maison ou est-ce que les planches vont se craqueler, révélant la supercherie de l'opération ? Il faut remonter les genoux sous le menton, attendre. Se réfugier sur le lit comme sur le pont d'un bateau par gros temps. Elle dort très mal, cette nuit. Dans les vapeurs de colle, de suie. Elle lutte avec des images de cratères, de monstres marins en colère. Elle se réveille au milieu

de la matinée, chiffonnée, avec dans le cœur cette fêlure, ce déchirement léger qui redevient sensible comme une cicatrice, dès qu'elle est fatiguée. Elle regarde la chambre, solidifiée par la lumière blanche. Le plancher est toujours en place. Il a tenu. Il tiendra. La sonnerie vrille dans l'entrée. C'est le beau gars du deuxième, qui revient. Elle choisit ses habits, remet de l'ordre dans ses cheveux et enfile ses escarpins rouges, sans se presser. Ils ont des talons longs comme de petits revolvers, qui martèlent le sol de la chambre pendant quelques instants. Elle se dirige vers la porte d'entrée.

— Encore deux secondes, j'arrive!

Elle le sait bien, déjà, que vivre c'est tuer.

# Table


| | |
|---|---|
| L'alliance | 7 |
| Le fauteuil | 13 |
| La poupée | 21 |
| Sauna | 29 |
| La couette | 39 |
| Le gâteau | 43 |
| Les deux cerisiers | 55 |
| Le chauffe-eau | 65 |
| Le magnétophone | 69 |
| Le chromo | 75 |
| L'album | 87 |
| Le stylet | 97 |
| Le plancher | 107 |

## Nos autres livres

*Cercles* (collectif) – février 2005

*Race de salauds*, de Liliane Schraüwen – octobre 2005

*L'Enfer est à nous*, de Kenan Görgün – décembre 2005

*Toute humanité mise à part*, d' Emmanuelle Urien – février 2006

*Le Ver dans le fruit* (collectif, préface de Vincent Engel) – octobre 2006

*Mémoires anonymes*, de Laurent Trousselle – décembre 2006

*Mot compte double*, de Françoise Guérin – février 2007

*Les beaux dimanches*, de Magali Duru – septembre 2007

*Élagage de printemps*, de Jan Thirion (préface de Marc Villard) – décembre 2007

*Nous étions tous dans ce train*, de Viviane Faudi-Khourdifi – février 2008

*Demain, je franchis la frontière*, d'Agnès Dumont – septembre 2008

*Histoires Jivaro* (100 nouvelles de 100 mots), de Luc-Michel Fouassier – octobre 2008

*On n'est jamais préparé à ça*, de Gaëlle Pingault – décembre 2008

*Mal assise*, d'Agnès Laroche et Éric Rouzaut – février 2009

*Et je fais quoi, moi, maintenant?*, de Jacqueline Daussain – septembre 2009

Achevé d'imprimer sur les presses de l'Imprimerie CIACO
(Louvain-la-Neuve), le 5 novembre 2009